だいわ文庫

45歳からの美肌カウンセリング

佐伯チズ

大和書房

はじめに

このたび『45歳からの美肌カウンセリング』というタイトルの本を執筆するにあたり、私は特別な思いを感ぜずにはいられませんでした。

45歳。それは私にとって、人生最大の転機だといっていい年齢です。

私が40歳のときに主人がガンで倒れ、16年間勤めたゲランという化粧品メーカーを退職。1年半にわたる闘病の末に主人が逝《い》ってしまったあと、私は抜《ぬ》け殻《がら》のような状態で3年間を過ごしました。そして、再び美容の世界に戻ったのが45歳のとき。そう、まさに45歳からの「第二の人生」を歩み始めた瞬間でした。

主人を亡くした直後、私の肌は80歳のおばあさんのようでした。あのまま誰ともしゃべらずにふさぎこんでいたら、今どうなっていたことか。想像するだけでも恐ろしくなります。

あのとき、友人に「いつまでメソメソしているの。鏡を見てごらんなさい」「そんな状態では、天国のご主人も喜ばないと思うよ」、そういわれて目を覚《さ》ました私は、社員販売で買いだめしておいたゲランの化粧品を使って、狂ったようにお手入れをしました。

「これまで、ほったらかしにしてごめんなさい！」「今日からきちんとお手入れします。お願いですからきれいになってください」。毎日、鏡に向かってそう拝《おが》みながら、日に4回も5回もローションパックをして、徹底的に自分の肌と向き合いました。

そして45歳でクリスチャン・ディオールに入ってからは、インターナショナル・トレーニング・マネージャー、ビューティー・アンバサダー（美の大使）を経て、50代に入ってから銀座・帝国ホテル内に、「1日2人限定」という伝説のサロンを構えました。

そして今、長年美容業界で培《つちか》ったものを自分なりの視点で吟味《ぎんみ》し、「佐伯式」という形でこうしてみなさんにお伝えすることができることを、心からうれしく思っています。

「階段の途中に立ったとき、『さあ、上ろう』と思えばそれは『上り階段』であり、『降りよう』と思ったら『下り階段』になる」

そういった人がいました。つまり立ち位置が同じでも、自分が上ろうとするか、降りようとするかで、階段の意味合いが変わってくると。これを人生に置き換えると、女の45歳は長い人生の途中。これから人生の階段を上っていくか、下っていくか、それは、あなた自身が決めることです。

私の経験からいうと、45歳からは決してラクなときではない。だけど楽しいこともたくさんあります。本書には美容はもちろん、仕事や家庭のことにいたるまで、私自身の体験を交《まじ》えながら「女ざかり」を軽やかに、そしてしなやかに生きるためのヒントを詰め込みました。

あなたらしい45歳からを送るために、ぜひページをめくってみてください。

佐伯《さえき》チズ

目次

第2章　素肌美を追求するスキンケア

第3章　「あなたらしさ」を引き出すメイク

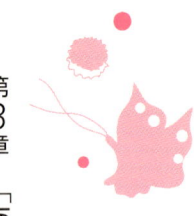

第4章　「センスアップ」のための七つ道具 ～40代～

第5章　一流のボディをつくる

45歳からの美肌カウンセリング

第1章

「女ざかり」をどう生きる

40代は女ざかり

「女の人生で、お肌の曲がり角は何度もやってくる」

これが私の持論ですが、今回もうひとつ、佐伯流「女の人生論」を追加したいと思います。

「女の人生で、『旬《しゅん》』は何度もやってくる」

女性は30歳をすぎたあたりから、「女を降りる人」と「女を増す人」にわかれます。それは、同窓会や結婚式などに行くと顕著《けんちょ》。子育てに追われて自分を省《かえり》みず、「もう、どうでもいいや」となってしまった人は、すごい勢いで坂を転がり落ちていく。落ちていくのは簡単ですから……。

一方、30代で転げ落ちそうになりながらも、がんばって踏みとどまってきた人は、40代に入って再び花を咲かせることができる。さらに、60代、80代で、また違った品種が開花することだってあるのです。

つまり、10代、20代だけが女の旬では絶対にないということ。

自分の気持ち次第で花を枯《か》らすことは簡単だし、一時的に元気をなくしても、「多年草」のごとく生き残った地下部のパワーで、新しい季節にまた芽を出すという生き方もある。だから、女の人生はおもしろい！

香水でいえば、20代にふさわしいのがシングル・フローラル。単体の花を使った爽《さわ》やかな香りが特徴ですが、40代になるとブーケといって、さまざまな花の香りがミックスされたものが似合うようになる。そう、女性としての深みが増すのがこの世代なのです。

私は45歳前後の女性を、「振り返りの世代」と名づけました。

人生が80年だとしても、まだ五合目を越えたあたり。「もう45歳」と思うか「まだ45歳」と思うか。それは人それぞれですが、いずれにしろ一度立ち止まって、これまで歩んできた行程を振り返り、今後の行き先を決めるのにふさわしい時期だと私は思います。

10代、20代という娘時代、そして、まだ20代を引きずりながら歩む30代を経て40代に入ると、完全に「娘」とは決別した「大人の女」になり、味わいが出てくる。

ほら、ワインだって、その年に収穫されたものは、サッパリとして喉越《のどご》しはいいけれど、年代を経ると熟成《じゅくせい》されて「奥行き」が出てくるでしょう。また違った美味《おい》しさがある。それを大いに謳歌《おうか》してほしいものです。

余談ですが、私の母は寝たきりの生活を11ヵ月続けた末、84歳で亡くなりました。寝ている母の顔のお手入れをしてあげたら、「この人の肌、こんなに白かったんだ」と思うほどきれいになった。庭いじりが好きな人だったので、それまでの母は真っ黒な顔をしていたのに……。このとき、「ああ、80歳をすぎても皮膚は活性化しているんだ」と、私は感心したのです。

それから、黒柳徹子《くろやなぎてつこ》さんがテレビでおっしゃっていましたが、徹子さんのお母さま（随筆家の黒柳朝《ちょう》さん）は、90歳をすぎてから、顔のパックに目覚めたそうです。

女は、死ぬまで女。人生に目標をもてば、人は必ず前進できます。そして、女性はいくつになってもきれいになれます。

「女はきれいにならなきゃソン！」「一生、女を降りてはダメ！」

20代のころとはまた違う、人をあっといわせるような魅力的、そして個性的な花を咲かせましょう。

自分の顔に責任をもちなさい

「40歳をすぎたら、自分の顔に責任をもて」

かの第16代アメリカ大統領、アブラハム・リンカーンはこんな言葉を残しています。

人間の顔立ちには、もちろん遺伝というものが大きく作用します。でも、成人してから20年もの歳月を経た40歳にもなれば、それまでの生きざまがすべて顔に出てくる。もう人のせいにはできません。

俳優さんでも、若いころはさほど美形ではなかった人が、40歳をすぎたころから「いい味」を出してくるということ、よくありますよね。

　私自身の人生を振り返ってみても、主人を亡くした42歳のときは、それこそシワだらけのおばあさんのような顔をしていたし、45歳でクリスチャン・ディオールのインターナショナル・トレーニング・マネージャーに就任《しゅうにん》したときは、「3年でライバル会社の売り上げを抜く」という使命がありましたから、それこそ、馬車馬のように働いていました。きっと鬼のような形相《ぎょうそう》だったと思います。

　そして15年間勤めあげた会社を定年退職すると、どこかホッとしたのでしょう。「表情がやわらかくなったわね」「エレガントになったわ」と周囲の人からいわれるようになりました。

　さらに、著書を出版し、テレビやラジオに出演し、サイン会や講演会で全国をまわるようになると、今度は「美肌の母」のような眼差《まなざ》しを向けられることも多くなりました。

　こうして環境が変わると、顔はそれに合わせて変化していくもの。ましてや女性は、妻の顔、母の顔、仕事人としての顔など、無意識にいろいろな「私」を使い分けているのですから、1日のうちでも朝と夜ではまったく表情が違うのではないかしら。

それから、顔というのはお面のような表面的なものではなく、その人の健康状態から心境、クセ、生活習慣まで、すべて映し出してしまうものです。いつも人の悪口ばかりいっている人は、口が八《はち》の字《じ》になって、眉間《みけん》に縦ジワがよっている。逆に、ニコニコしている人は、たとえ目元にシワがあっても、それが人に幸せを与えている。

私の大好きな女優、オードリー・ヘプバーンの晩年の姿をご存知ですか。顔はシワくちゃ。ほとんどノーメイクで、ユニセフ親善大使として世界各地を駆けまわっていました。でも、その表情はとても美しかった。

自分の使命を知り、自信をもって生きている人は、シワやシミがあっても輝いているのです。

そして、「目が細いから」「鼻が低いから」「そばかすだらけだから」と自分の欠点を探して悲観するのも、そろそろやめましょう。

「欠点が多い人ほど、おしゃれ」という言葉を聞いたことがあります。美しい人は、努力しなくても何でも似合うけれど、欠点がある人は、いかにウィークポイントをカバーして自分をよりよく見せるかを工夫するそうです。

私自身も、自分のはれぼったい目がきらいだったので、指を使って毎日、まぶたの脂肪を散らして「二重《ふたえ》」をつくってきたのだし、そばかすだらけの顔も徹底した紫外線対策で克服した。洋服を選ぶときは、自分の下半身をいかにスッキリと見せてくれるか、それを1センチ単位で研究してきたのだもの。ましてや年齢を重ねて、努力もせずにきれいに見られようなんて、虫がよすぎるわよ。

美人でも不思議と魅力がない人もいれば、決して美人とはいえない女性でも、自然に人が寄ってきていつも幸せそうな人もいます。だから、整形なんてしてもムダ。だって、生き方ひとつで顔は変わっていくものだから。

「粋《いき》」な女性になりなさい

伊勢丹《いせたん》の元カリスマバイヤーで、現在はセブン&アイ生活デザイン研究所代表の藤巻幸夫《ふじまきゆきお》さんが、新聞の連載で、美人とブスについてこう語っていました。「ブスとは無粋《ぶすい》のことではないか。粋《いき》でない生き方や振る舞い。電車のなかで化粧をしたり、駅前で座り込んでたばこをふかしたり、食事の仕方がみっともなかったり……。こういう姿を見ていると、いくら顔のつくりがいい女でも、男としては興《きょう》ざめする」

まさにそのとおりだと、私は膝《ひざ》を打ちました。

「ブスとは無粋」。そう、電車のなかでのメイクはもちろん、ミュールでカツカツと音を立てながら歩く、人にぶつかっても謝《あやま》らない、ガムをくちゃくちゃさせながら人と話す、化粧品をサンプルで済ませようとする……。

こういう行動は、私にいわせれば、すべて粋じゃない。まさに無粋！

では、「粋な40代」になるためにはどうすればいいか。

私はまず、正しい日本語を使うことだと思う。たとえば、ジャーナリストの櫻井《さくらい》よしこさん。とても言葉がきれいで、佇《たたず》まいも優雅。それでいて、自分の意見は整然と相手に伝える。見ていて、とても気持ちがいい。

私は仕事柄、たくさんの女性と出会いますが、言葉づかいが汚《きたな》い人というのは、だいたい服装も乱れている。歩き方も不格好《ぶかっこう》。おそらくポーチのなかもグチャグチャだと思います。

若いころは、それで許されるかもしれない。もしかしたら、まわりの人間が注意してくれるかもしれない。

でも40歳をすぎたら、誰も注意してくれないのです。だから、つい「これでいいんだ」「世間は認めているんだ」と思ってしまいますが、そうじゃない。本当のところ、まわりは「その年になって……」という冷ややかな目で見ているはず。だから、いくつになっても自分に甘くなってはいけません。

また、何かというと「あのとき、あの人がこういったから」「親が大学に行かせてくれなかったから」と、今さらどうにもならない過去のことを掘り返す人がいる。何が楽しいのか、こうして「不幸探し」をして被害者ぶっているのも、粋じゃないわね。水前寺清子《すいぜんじきよこ》さんの歌ではないけれど、「幸せは歩いてこない。だから歩いていくんだよ」なの。まさにそのとおりなのよ。

また40代というのは、ある程度世のなかで揉《も》まれて、いい意味で肩の力が抜ける年代だと思う。会食などの場では、冗談のひとつもいえる余裕をみせてほしいものです。

日本人というのは、パーティーの場でも、とかく仲のいい人同士で集まって、他の人と話そうとしないでしょう。ああいうのは、本当にもったいないと思う。ここで会ったのも何かの縁《えん》。知らない人に声をかけるというのは、相手も喜ぶし自分も楽しくなるじゃない。

最近は、マンションのエレベーターで住人同士が会っても知らんぷり、というのが多いみたいだけど、挨拶《あいさつ》すらまともにできないのは、「無粋」の極致じゃない？

人さまには気持ちよく挨拶をする。うれしいときは素直に喜びを表現する。こういう女性は、必ず人から愛されます。そして、愛情に満ちた女性は、例外なく美しいのです。

「褒《ほ》めること」を惜《お》しまない

幼いころから花が大好きで、高校時代に華道の免状を取得していた私は、はじめての就職先であったミノルタカメラ（現・コニカミノルタ）で、いつも会社の入り口のお花を生けていました。

そうすると何人かの社員が通りすがりに、「佐藤さん（私の旧姓）、今日も生けてくれたのね」「これは何ていう花？」「すごくいいね」と、褒《ほ》めてくれる。それがうれしくてね。

やっぱり人は褒めてもらうとうれしいし、それが一番の励《はげ》みになるのです。

一般的に、日本人は「褒めベタ」といわれますが、私は夫婦間でも、照れずにもっと褒め合えばいいと思います。

以前にトークショーでご一緒させていただいた、作家の渡辺淳一《わたなべじゅんいち》さんは、こうおっしゃっていました、「言葉は力なり」と。

とくに男性の気の利《き》いた「ひとこと」が、女性をきれいにする。たとえば、朝起きてご主人が、「お前、今日もきれいだよ」と奥さまに声をかけるだけで、パジャマを着たまま、髪はグシャグシャの状態で部屋を歩いていた奥さまが、翌日からきちんと身づくろいをして、目の前に現れるようになると。

そして、褒められた奥さまはご主人に向かって、「あなたのおかげよ」といいましょうと。そういわれれば、男性も「そんなに頼りにされているなら、がんばろう」という気になるのだそうです。

なるほど。褒め合ってソンすることなどまったくない。「まさにいいことづくしだなぁ」と思ったものです。

ただし、渡辺淳一さんは、こうつけ加えておられました。「あまり深く考えたら、躊躇《ちゅうちょ》してしまう。褒め上手になるコツは、心を入れないで軽い気持ちでいうこと」。おもしろいでしょう。でも、これでいいと私も思います。

私は20代のころに、主人の仕事の関係で2年ほどアメリカで生活していましたが、向こうの方たちは本当に褒め上手。

「今日のあなたの服、とってもすてきね」「あら、あなたこそ髪形がきまってるわ」。日本人にとっては歯の浮くようなセリフも、あちらでは挨拶の一部として定着しています。これだけでも、ただ「こんにちは」と挨拶をするよりも楽しいし、これを糸口にして話も弾《はず》むではないですか。

「褒められると、女性は美しくなる」

そう、褒め言葉は高い化粧品よりも効くのです。だから日本の男性は、もっともっと女性を褒めましょう。そして褒められた女性は、「よくいうわよ」「何も出ないわよ」なんてかわいげのないことをいわず、素直に「ありがとう」というのです。

私は人を褒めるのが好き。そして、褒めてもらうのはもっと好き。「お肌がきれいですね」と声をかけられたら、「そんなことないですよ」とはいわずに、素直に「ありがとうございます」と応えます。そして、「もっともっときれいにならなくちゃ」と思うわけです。

それに、人を褒めると「あなたこそ」と、相手も自分のいいところを見つけてくれる。お互いに「いい点」を探し合うわけだから、これほど生産的なことはありません。結果的に、人を褒めたことで、自分の魅力を知ることもできるのです。

さあ、あなたも出し惜《お》しみをしないで、どんどん人を褒めましょう。

「若づくり」をおやめなさい!

「若々しく見えますすね」「とても40代には見えませんね」。そういわれて喜ぶ40代の女性は、ものすごく多い。確かに若く見られるのは、うれしいことだけれど、私は40代のころ「さすがに大人のおしゃれですね」とか「センスがいいですね」と、いわれたほうがよっぽどうれしかった。

そもそも、「若さ＝絶対」という考え方がおかしいと思う。私は本書のなかで「女の旬は何度もやってくる」と書いたけれど、10代、20代だけが女性のピークだとしたら、「63歳の私は、どうなっちゃうの」ってことでしょう?

いくら若く見られても、40代と30代は確実に違うもの。表情、顔の色、体形まで、決定的な違いはなくても、全体の「トーン」が違ってくる。それを自覚できた人は「何とかしよう」と思うけど、無意識に生きてきた人や「若いつもり」になっている人は、自分が変わっていることにすら気づかない。というよりも、気づこうとしない。

私は若い子のお店に潜《もぐ》り込んで、娘と同じような服を着ている40代よりも、たとえば、ジャケットを買うなら「裏地に凝《こ》ってみる」、メイクなら「アイラインの引き方を変えてみる」、ボディケアなら「ひじやかかとをきれいにしておく」、こういう40代に魅力を感じます。

年齢を重ねるというのは、そういうことでしょう。20代、30代では目が届かなかった「扉の奥」を見ることができるのが、この世代の特権ではないですか。

雨の日。その現象だけをとれば、「いやだわ」という人が大多数でしょう。でも、私は雨の日が決してきらいではない。というのも、雨の日にしかできないおしゃれがあるからです。だから、傘《かさ》もレインコートも、雨靴だって私は大好き。レインコートの柄《がら》に合わせて傘を選んだり、バッグの色と靴を合わせてみたり。「ならでは」のおしゃれが楽しめるじゃないですか。

それから、ハンカチひとつとっても、春ならば桜をあしらったもの、6月ならあじさい、そして夏はほおずきの柄が入っているものなど、季節によってデザインを替えてみるというのも楽しいものです。

そういう「感性」、つまりセンスが身につくのも40代。だから、「若い」といわれて喜んでいる場合ではない。「若く見せる」ことに精力を注ぐよりも、洗練《せんれん》された大人の女性になるレッスンをしたほうが、よっぽど賢明《けんめい》だと私は思います。

40代の友達づくり

「学生時代はすごく仲がよかったのに、最近は会ってもあまり話が合わなくて……」。最近、30代、40代の女性からこんな言葉をよく聞きます。

確かに、学生時代から今日まで続いてきた友情というのは、揺《ゆ》るぎないもののように感じるかもしれません。でも、それから違う環境で20年も過ごすと、価値観や物の見方、趣味なども大きく変わってきます。

そうなると、学生時代のような「一緒にいるだけで楽しい」という関係は、成り立ちにくくなるのが当然。

そして、同年代の友達は、必ずといっていいほど「嫉妬《しっと》」という感情をもつの。ひとりがダイエットをしてスリムになれば、「やせすぎじゃない？」といい、昔よりも美しくなれば「きれいになったね」と口ではいいながら、心のなかでは舌を出している。

だから私は人とつるむのを好まない。友達をもつなら、うんと年齢が離れた人か異業種の人間。そうすれば、お互いに目線が違うので、つまらない嫉妬などしなくてすむからです。

20代というのは、自分を中心に世界がまわっていると思い込む年代。30代になると、「だって、子育てで時間がないから」と「いい訳」をする。そして40代は、自分と他人を比較し始める。

「お隣の奥さんはどうなんだろう」「同期のあの人は何してるんだろう」「あの人と私、どっちが若く見えるかしら」「なんで私だけが」という具合に。

そして、自分のほうが劣《おと》っているとわかると、相手の足を引っ張ろうとする。女の40代、非常に友情は成り立ちにくいのです。

そもそも嫉妬という感情は、暇があるから芽生《めば》えるのであって、その時間を「自分を高めること」にあてればいいと私は思います。

24歳で結婚した当初、私は専業主婦として家事を楽しみながらやっていました。ところがじきに、「私は専業主婦には向いていないな」と感じるようになったのです。

「仕事をしながらでも家事はできる」という自信と、「人さまのお役に立つことなら」という主人の理解があったから、私は美容の世界に復帰したのです。そして、好きな仕事をさせてもらっているのだから、絶対に家事の手抜きはしたくなかった。

だから、昼間から主婦仲間とつるんでお茶をするなんて、そんな退屈《たいくつ》なこと、私には耐えられなかったのです。

憧《あこが》れるのは、いつだって自分よりも年上の「デキる」女性であったり、スクリーンのなかの「自分をもった」女性。そして、40歳をすぎたころからは、憧れることよりも、「憧れられる女性」になりたいと思った。

つまらない嫉妬をするよりも、嫉妬される女へ。相手を値踏《ねぶ》みする女友達と会うよりも、自分自身を高めることに精力を注ぐ。「女ざかり」、そんなにもたもたしている暇はありませんよ。

夢に期限を！

「自分にしかできないこと」と「自分にはできないこと」。それが40代になると、ある程度はわかってくるはず。そんなとき、叶《かな》わぬ夢を語るよりも、「2年間で、私はこれをやる！」というように期限を決めて、実現可能な夢をひとつずつ叶えていったほうがいい。なぜなら、ひとつのことを成し遂げたという達成感があると、それをバネにして次に進むことができるからです。

45歳でクリスチャン・ディオールに入ったとき、私はこう宣言しました。

「ライバルのシャネルを3年で抜く」

有限実行が私のモットーですから、それを目標に突っ走りました。それは「3年で目標を達成したら、会社を辞《や》める」ぐらいの勢いでした。

わずか1年でその公約を達成し、40代も終わりにさしかかったころ、スッと肩の力が抜けたのです。これまでがんばってきたものが形となり、「あ、これで次のステップに行ける」という感覚をつかんだのです。

そういうものをひとつずつ積み重ねることが、自分の大きな財産となっていくのではないでしょうか。「自信」というのは、いくつもの成功体験から生まれるもの。具体的な方策もなく、ただ漠然と夢だけを追いかけていたら、「夢みる夢子ちゃん」で終わってしまいますよ。

さて、私の知り合いに、ランプ作家の岡京香《おかきょうか》さんという方がいます。透《す》かし彫《ぼ》りが美しい陶器のランプを手がけている女性ですが、彼女はもともと、経理事務の仕事をされていました。

趣味でつくっていたランプを見たある知人に、「あなたの作品はすばらしいから、世に出したほうがいいわよ」とすすめられ、彼女はハガキをつくって、自分の作品をアピールし始めたのだそうです。今では、個展を開くまでになり、私も自宅では彼女のつくったランプの灯りで癒《いや》されています。

女流作家といえば、有川京子《ありかわきょうこ》さんという、カエルをモチーフにした置物

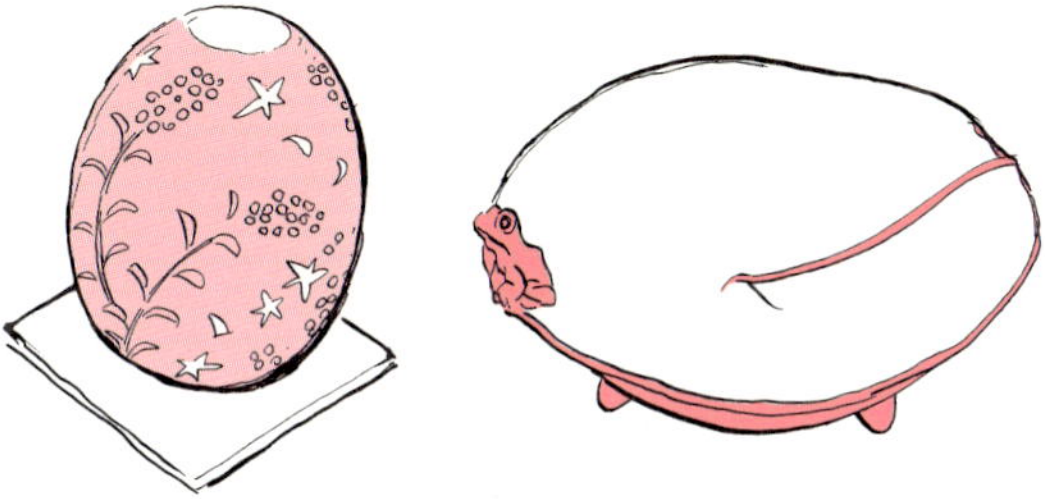

ふたりの女流作家の作品をサロンと自宅に飾っている。
個性的でいて心を癒してくれる作風が気に入っている。

を手がけている方の作品も私は大好きなのです。私はカエル・グッズが大好きなので、蓮《はす》の葉にカエルがちょこんとのっている彼女の作品を、自宅とサロンにいくつか飾っています。

お客さまに「佐伯さん、カエルがお好きなんですか？」と聞かれると、「大好きなんです。このアマガエルがかわいくて……」とついつい話が止まらなくなります。

蓮の葉は子どものころ、雨の日に麦わら帽子代わりにかぶったり、皿に見立て、塩をちょっとのせて、きゅうりやトマトを食べたりして。そんな懐《なつ》かしい思い出がよみがえってくる作風なので、応援しているのです。

私は、こういう何もないところから頑張ってきた人たちを、応援してあげたい。好きなことを趣味で終わらせずに、こうして世のなかに発信していくパワーって、すばらしいじゃないですか。

初めの一歩は、確かに勇気がいる。けれども、その一歩を踏み出さなければ何も始まりません。

私は昔から「小さなコーヒーショップをもつ」という夢をもっており、約20年前に「清水《きよみず》の舞台」から3回ほど飛び降りるぐらいの気持ちで、一客のコーヒーカップを手に入れました。そうすると、いろいろな器《うつわ》に興味がわいてきて、焼き物の勉強なども始めるわけです。どんどん知識欲がわいてくる。

コーヒーショップはいまだに開いてはいませんが、この趣味を活《い》かして、私は一時期、器の買い付けの仕事をしたこともありました。

本当に世のなか、どこで道が開けていくかわからないものです。自分の得意なことが人に認められ、そして誰かの役に立てば、それが励みとなって、もっともっと視野が広がっていく。ただ指をくわえて待っているだけでは何も始まらないのです。

45歳は「選択上手」

今年45歳になる人というのは、高度経済成長期に生まれ、モノがあふれる暮らしのなかで、学生時代から海外旅行に出かけ、欧米ブランドの洋服や化粧品にも触れてきた世代。若いころにはバブルも経験しているし、その崩壊《ほうかい》も見届けている。

そういう時代を生きてきた方というのは、人一倍好奇心《こうきしん》が強く、自分の意思で、精力的に物事の選択をしてきたのではないでしょうか。根本的に、「選択をする才能」に長《た》けているのだと、私は思っています。

人生というのは、時代の流れと同じように、山があれば谷がある。たとえ今「どん底」にいても、必ず「山の時代」がやってきます。

逆に今、山の頂上にいても、そこでふんぞり反《かえ》っていないで、谷が来たときに慌《あわ》てないよう、地に足をつけていないといけない。私はいつもそう念頭に置いています。

そんななかで、「今、自分は何をすべきか」ということを瞬時に感じ取って第一歩を踏み出す。いろいろな女性を見てきて、現在の45歳は、それが比較的スムーズにできるような気がするのです。

そういう私の人生も山あり谷あり、アップダウンの連続で、そのたびに私は自分の進む道を選択してきました。

42歳で主人を亡くしたときは、正直いって途方に暮れました。しばらくは主人の写真の前にペタンと座り、主人のパジャマを着て、よせばいいのに、わざわざ「関白宣言《かんぱくせんげん》」の歌を聴いて、ひたすら涙を流していた。まさに私にとって、「谷の時代」、本当にどん底にいました。

友人に促《うなが》され、鏡に映った自分の姿を見て愕然《がくぜん》としました。白髪は黄ばみ、目のまわりにはドレープ状のシワ、頬には縦ジワ……。生気《せいき》を失った自分がそこにいたのです。

「これでは、きれいなものが好きだった主人が悲しむ。いつまでも泣き暮らしているわけにはいかない」「これからは誰にも頼らず、ひとりで生きていかなくちゃ」「自分を信じてやっていくしかない」

そしてこれまでを振り返ったとき、24歳のときから続けてきた美容という仕事が自分にはあったことに気づいたのです。

一時は職種を変えようかとも考えたけれど、やっぱり美容の世界が一番好きだし落ち着くなと感じた。そして執念《しゅうねん》のお手入れで肌を元どおりに戻し、100倍の競争率を勝ち抜き、45歳でクリスチャン・ディオールのインターナショナル・トレーニング・マネージャーという仕事に就《つ》くことができたのです。

さらに、クリスチャン・ディオールを定年退職したら、これまでに蓄積《ちくせき》してきた自分の理論を記した本を出版する機会に恵まれた。テレビやラジオにも出演し、念願の「徹子の部屋」からもお声がかかった。まさに60歳をすぎてから、「山の時代」が到来したのです。

それと同時に、こんな質問をされるようになりました。「佐伯さんは、電車で通勤されているんですか?」「なぜ運転手をつけないんですか?」

そんなことをいわれると「なぜ、運転手をつけなきゃいけないの?」と、こちらが聞き返したくなる。だって、別に私は有名になりたくてテレビに出ているわけではないし、優雅《ゆうが》な暮らしをしたくて本を書いているわけでもない。

本当は、できるだけ多くの女性に、私のサロンに来ていただき、ひとりひとりの肌を見て、この手でお手入れをさせていただきたい。でも、残念ながら、現在私のサロンは2年待ち、3年待ちという状態で、それがままならない。だったら、みなさんがご自宅で簡単にできる、「佐伯式」のお手入れ法をお伝えしよう。そういう考えのもとに、私はいろいろなメディアに出演させていただいているのです。

また、クリスチャン・ディオールにいるころは、マネージャーというポストにいながら全国各地を飛びまわっている私を見て、「なぜ現場に行かれるんですか」という部下もいた。でも、私は「現場は下の人が行くものなの？」「現場は恥《は》ずかしいものなの？」「情報はすべて現場にあるのよ」と思っていました。

「佐伯さんらしくない」「なぜ佐伯さんが……」。そんなのは、他人が勝手に思っていること。「あらそう？」と聞き流しておけばいい。

人にどう思われようと、いいじゃない。自分の人生だもの。他人の尺度《しゃくど》ではなく、「自分のものさし」で自信をもって選択をしていれば、間違いはないのよ。仮にあったとしても、自分で選んだことだから、自分で落とし前がつけられる。こういう生き方は、とっても気持ちのいいものよ。

まだまだ若いと思っていても、人生なんてあっという間です。やりたいことは、先延ばしにせずに今やっておく。

また、これまでの人生をリセットすることができるのも今。

42

40代はしんどい年代かもしれない。だけど、ここで踏ん張れれば、その後の人生がぐっと開けてくる。決して躊躇してはダメよ。

第2章 素肌美を追求するスキンケア

老化は予測できる

スキンケアの極意《ごくい》を語るとき、私はよく「前倒しケア」という言葉を使います。これは、「夏が来たから紫外線対策を」「冬だから乾燥対策は万全に」では遅いということ。

本来、夏が来る前に紫外線に負けない肌をつくっておくべきだし、乾燥の季節の一歩手前で、肌を「冬仕様」に整えておかなければならないのです。

できたシミを消すよりも、シミができない肌をつくるほうがずっと簡単なように、前倒しケアはとても賢明《けんめい》なお手入れ法。それは、もちろん老化対策にも応用できます。

まずは、こんな実験をしてみましょう。

大きめの手鏡をひとつ、用意します。最初は顔の正面に鏡を構えて、自分の顔をチェックします。これが「現在のあなた」。

自分の10年間の顔履歴がひと目でわかる顔チェック。シワやたるみがどこに、どう出ているかをよく見る。「5年前」の顔を目指して!

次に鏡を真上に持って、同じく顔チェック。すると、頬《ほお》やフェイスラインのたるみや、口元のシワが目立たなくなり、顔全体にハリが感じられるはずです。これが「5年前のあなた」。

最後は、鏡を真下に構えます。すると、顔は全体的に下がって見え、フェイスラインがぼやけるだけでなく、シワも目立ってきませんか。これは「5年後のあなた」。

この実験は現在・過去・未来のトータル10年間の顔の変化を見ることができるもので、セミナーなどでみなさんにやっていただくと、5年後のところで「エ〜?」「ヤダ〜!」という声が必ずあがります。

でも、ここで目をそらしてはダメ。現実と向き合うことで、そうならないように予防をすることができるわけだから。老化は誰にでも平等にやってくる。でも、それはある程度、予測することができるのです。

「フェイスラインがだらしなくなる」という予測を立てれば、そうならないように、毎日クリームを塗るときに顔を引き上げればいい。「口元にほうれい線がクッキリと刻まれる」という予測に対しては、「佐伯式ア・エ・イ・オ・ウ運動」で筋肉から鍛《きた》えておく。いくらでも手の打ちようがあるのです。

とくに45歳前後で気をつけたいのは、口元。ほうれい線だけでなく、唇の上に縦ジワがより始めるのが、この時期です。漫画に登場するおばあさんって、口元に何本もの縦ジワがあるでしょう。これは「老《ふ》け」の象徴。

また、メガネをかけ続けた人は、メガネがあたる鼻の付け根の部分がシミになり始める。こういうものは予測ができるのだから、早めにケアしておいたほうがいいのです。

さて、鏡で5年後の顔を見て、愕然《がくぜん》とした人。どうぞ、その気持ちを忘

佐伯式ア・エ・イ・オ・ウ運動

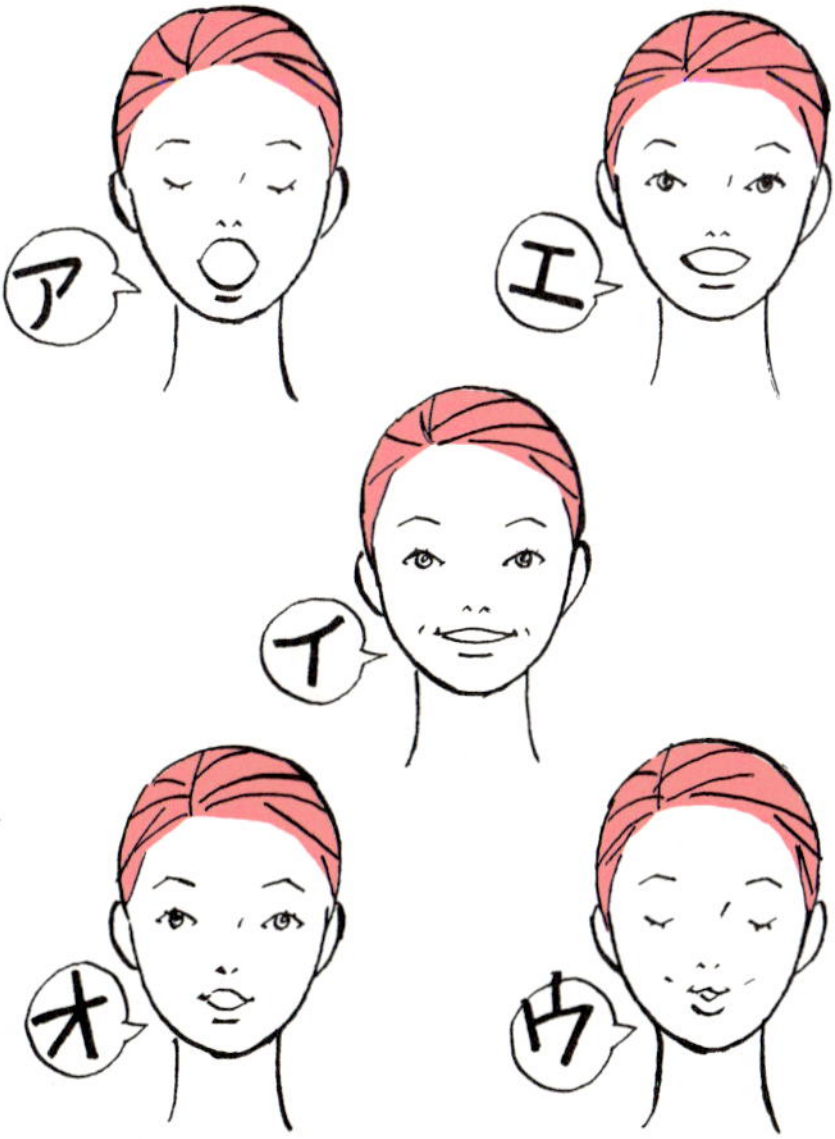

口のまわりの筋肉「口輪筋《こうりんきん》」に意識を集中し、大きく口を開けながら声を出す。シワは筋肉の「クセ」なので、運動によって薄くすることはできる。毎日、継続して筋肉を柔軟に保つことが大切。

シワ取りマッサージ①
「タテ」・「ヨコ」運動

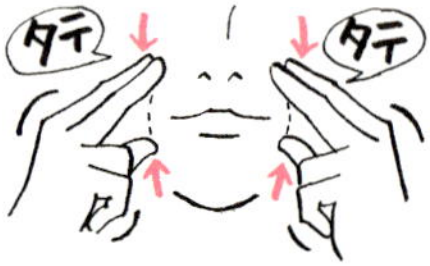

❶縦ジワが消える方向に指先で軽くつまむ。

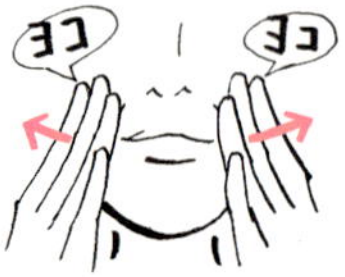

❷シワ全体を上から押さえて外方向に引っ張る。

❸口輪筋をなぞるように指先で円を描く。

❹最後に口角をクッと上に持ち上げて。

口元に刻まれる「ほうれい線」も毎日のマッサージで改善できる。40代の知人はこれを毎日1年間続け、深く刻まれたほうれい線が見事に薄くなった。回数に決まりはない。毎日続けることが重要。

シワ取りマッサージ②
「そと」・「なか」運動

❶片方の手でこめかみを外に引きながら、反対の手で目尻から目頭に向かって。

❷反対の目も同様に。必ず左右交互に行う。

❸ピアノの鍵盤を叩く要領で軽く指先でタッチ。

❹最後はこめかみを軽く引き上げながらポン。

いちばん動かす頻度の多い目元の筋肉。美容液やクリームを擦り込むとき、この指先の動きで。力を入れすぎると逆に小ジワになるので、やさしく行うことを意識して。リズミカルに左右交互に行う。

れずに。そして、そうならないように意識をしてください。目標は「5年前の顔」。整形なんかしなくても、若いころの顔は取り戻せます。何よりの証拠に私自身、45歳のときよりも今のほうがきれいなのだから。

「くすみ」を撃退するスクラブ

障子《しょうじ》を長く使っていると、障子紙が澄《す》んだ白からグレーっぽくなり、やがて溜《た》まった汚れでドスッと重たくなる。そして紙自体にハリがなくなる。

これと同じような現象は、人間の肌でも起きています。

「肌色が昔より濃くなってきた」「肌に透明感がなくなった」。40代女性の多くが悩んでいる「くすみ」は、こうした「経年《けいねん》変化」のひとつなのです。

くすみの原因は、乾燥、代謝《たいしゃ》の悪化、塩分過多《かた》、水分過多などさまざまですが、なかでも年齢を重ねた肌に多く見られるのが、代謝の悪化による「肌アカ」。10代、20代のころは、お風呂に入るとポロポロと「アカ」が出て

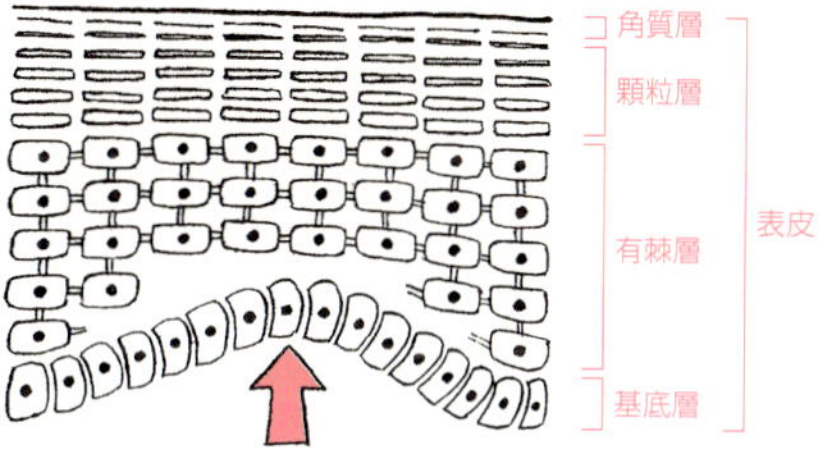

皮膚のいちばん外側にある「表皮」は常に紫外線や冷たい風にさらされている。その厚さはわずか0.2ミリ。そのいちばん下にある「基底層」で肌細胞はつくられ、約28日で「角質層」へ押し上げられる。この新陳代謝が年齢とともに鈍くなり、肌アカがたまると、くすみやたるみの原因に。週1回か10日に1回はスクラブを使ったお手入れを。

きませんでしたか。それが、年齢とともに少なくなっていることに気づいているでしょうか。これはどういうことか。それだけ「脱《だつ》皮《ぴ》力《りょく》」が落ちているということなのです。

　私たちの肌細胞は皮膚の奥、「基《き》底《てい》層《そう》」というところでつくられ、少しずつ表面に押し上げられます。役目を終えた細胞は表面の「角質層《かくしつそう》」から肌アカとなって剥《は》がれ落ちます。この新陳《しんちん》代謝のことを「ターンオーバー」といい、周期は通常で28日間。

　ところがこの新陳代謝は年齢とともに鈍《にぶ》ってくる。つまり、古くなった皮膚（角質）が、いつまでも肌表面にとどまっているから、肌がくすんで見える。さらに、古い皮膚は硬《かた》い。重く硬くなった肌は、くすみはもちろんのこと、たるみやシワも招《まね》きやすくなります。

これでおわかりのように、肌アカはいろいろな悪さをします。だから速《すみ》やかに撃退しなければなりません。

そこで、威力《いりょく》を発揮してくれるのがスクラブ洗顔なのです。これで角質をからめ取ることで新しい皮膚が顔を出し、肌の透明感が増します。

40代の女性のなかには「スクラブを使ったことがない」「あのツブツブが肌を傷つけそうで怖い」という方が多いのですが、使い方さえ間違えなければ、これほど頼もしい味方はありません。

くるみ粒、アプリコット、米ぬか、海藻《かいそう》などの自然素材から、ナイロンパウダーなどの合成品まで、スクラブに使われる材料はさまざま。私がおすすめするのは、なるべく粒が細かくて滑《なめ》らかなもの。ツブで肌を傷つけてしまっては本末転倒ですから。

スクラブ剤のツブツブ感が気になるなら、洗顔料と水を加えてしっかり泡立てると肌あたりがよくなる。「佐伯式・混ぜのテクニック」。

そして、スクラブを手のひらにのせたら、ぬるま湯で少しゆるめて軟《やわ》らかくしてから使うといいでしょう。「できるだけ肌への刺激を少なくしたい」という方には、「佐伯式・混ぜのテクニック」をおすすめします。

まず、手のひらにスクラブ剤と洗顔料を1対1の比率でのせ、そこに2〜3滴のぬるま湯をたらして指で混ぜます。そうすると、ほどよい硬さのオリジナル洗顔料ができるので、それを肌の上で滑《すべ》らせながら、やさしく顔を洗うのです。ぬるま湯の量で、いくらでも硬さは調節できます。

スクラブ洗顔を行うタイミングは、週に一度を目安に。それ以上やると、かえって肌を傷《いた》めることもあるので、気をつけてください。

また、やった翌日に効果が目に見えてわかるのもスクラブ洗顔のいいところ。霧《きり》が晴れたようにワントーン明るくなった肌に、あなた自身もびっくりするはずです。

なお、せっかくスクラブで「くすみ払い」をしても、くすんだ色の洋服を着てしまったら台無し。ピンクならきれいな桜色、白ならシャンパンホワイトのような、にごりのない色を。また、明るい色のスカーフを首元に巻いて出かけるのもおすすめです。

40代にはパックが効く！

毎日使う湯呑《ゆの》み。きちんと台所用洗剤で洗っているつもりでも、いつの間にか黄ばんできて、やがて茶渋《ちゃしぶ》がつく。黄ばみがつくとクレンザーで落とすし、茶渋がついたら漂白剤に浸《つ》けるでしょう。これを、肌のお手入れに置き換えると、台所用洗剤は洗顔料、クレンザーはスクラブ、そして漂白剤は美白パック。

つまり、茶渋のように時間をかけて染《し》みついたものは、「時間をかけて」取ってあげなければならない。その点で、肌に滞在《たいざい》させておくパックというのは、40代の女性にぴったりのケアだといえるでしょう。

では、具体的にどんなものがあるのか。ひとくちにパックといっても、剝《は》がすタイプから洗い流すタイプ、さらにはムース状、ゼリー状、クレイ状など、さまざまな種類があります。

でも、「佐伯式ケア」の場合、多くのパックは自分の手づくり。つまり、手持ちの化粧品と家のなかにあるもので、極上のパックができてしまうのです。そのなかから、40代のあなたのために特別にセレクトした5種類をご紹介します。

まず、基本となるのが、「佐伯式ローションパック」。これには保湿のほかに、「肌を鎮静《ちんせい》させる」という作用があります。肌表面がカッカしているところに化粧品をつけても、なかなか奥まで入っていかない。つまり、ローションパックはすべてのお手入れの入り口というわけです。

「またローションパック？」と思われる方もいるかもしれませんが、これだけ私が説明しても、まだ間違っている人や、やっていない人がいる。しつこいと思われようと、ここで改めてご紹介しておきます。

用意するのは端《はし》をミシン留めしたものではなく、肌にとことんやさしく、裂《さ》きやすさにこだわった「佐伯チズ・スキンケア専用」のコットン（白十字社との共同開発で、ソニープラザと一部書店、また大型雑貨店で発売中）。それを水で濡《ぬ》らして両手のひらではさみ軽く絞《しぼ》ったあと、化粧水500円玉大を目安に含ませます。全体によくなじませたら、そのコットンを5～6枚に裂き、顔全体に貼ります。放置すること3分。プルプル肌の完成です。

気をつけていただきたいのは、コットンを顔に3分以上置かないこと。せっかく肌に与えた水分が、コットンに戻ってしまいます。

次は「佐伯式ラップパック」。これは、ローションパックの応用で、ローションパックをした上からラップで覆《おお》うか、鼻と口の部分に呼吸用の穴を開けたシャワーキャップをかぶるというもの。このパックの特徴は、体温

佐伯式ローションパック

❶コットンを水道水で湿らせ両手で挟んで軽く絞る。

❷500円玉大を目安に化粧水をコットンに含ませる。

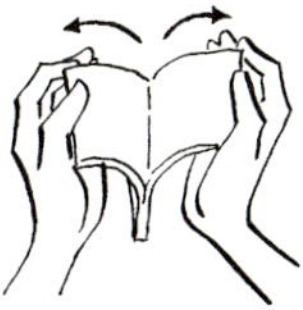

❸全体になじませたあと縦に5枚に裂く。

❹コットンを横に伸ばし、呼吸用に口と鼻に穴を開けて顔の下半分にぴったりと貼る。

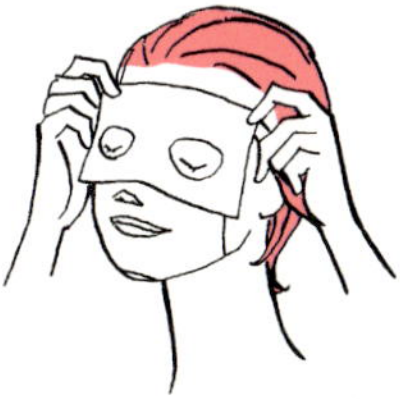

❺乾燥しやすい目元で重なるよう2枚目を顔の上半分に。目の部分は不要なら穴を開けなくてもよい。

❻残りを両頬と首に貼る。このまま3分間おく。

佐伯式ラップパック

ローションパックをした上から、ラップ2枚で顔の上半分と下半分を覆う。鼻の部分を浮かして呼吸できるように。

ラップは手間がかかるという方はシャワーキャップを使って。鼻と口の部分に呼吸用の切り込みを入れる。

耳まで覆うように、顔の側にかぶる。これなら5分でも10分でもOK。

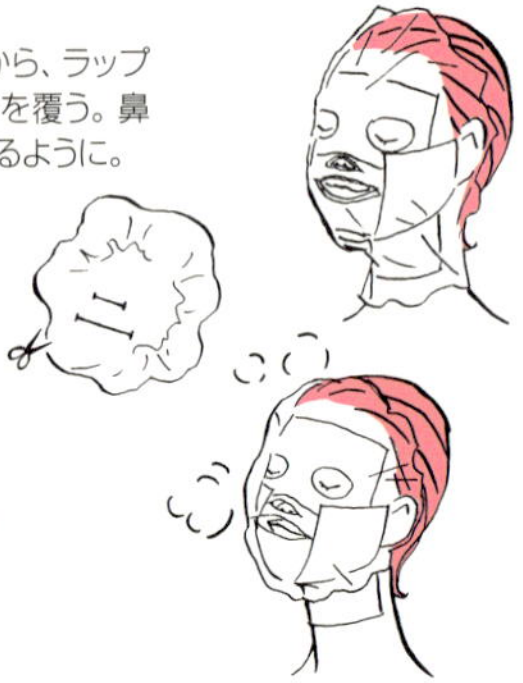

と水分をこもらせることによる強力な「スチーム効果」。

ニットのセーターにスチームアイロンをあてたように、肌のキメがきれいに整う。もちろん、透明感や弾力もアップします。

「肌に活力がない」。そんなときには、3番目の「佐伯式クリームパック」の出番です。「クリームは、水分や栄養分を閉じ込めるためのフタ」というのが、佐伯式ケアの考え方ですが、実はクリームにも栄養分があり、ローションパックである程度の水分を保っている肌に限

佐伯式クリームパック

1 洗顔したあとの肌にクリームをたっぷりめにつける。

2 ローションパックの要領で化粧水を含ませたコットンを2枚に裂いて貼る。

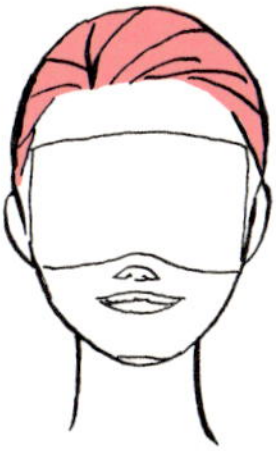

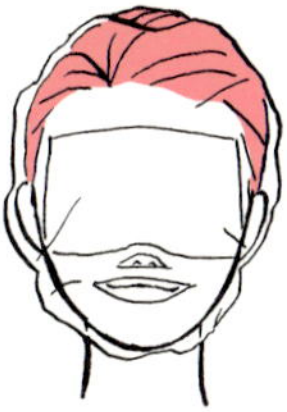

3 上から呼吸用の切り込みを入れたシャワーキャップをかぶるかラップで覆うこと10分。

普段からきちんと「佐伯式ローションパック」でお手入れをしている方に限り有効なスペシャルパック。栄養分がたくさん詰まったクリームを洗顔後の肌に直接つけるという裏ワザ。

り、クリームの成分をダイレクトに入れ込むという方法もアリなのです。

この場合は洗顔後、たっぷりのクリームを塗り、その上から「佐伯式ラップパック」をします。つまり、クリームの成分を「水のフタ」で肌に閉じ込め、さらに強力なスチームで奥まで浸透させるということ。これによって、水分と栄養分が同時に肌に入り、「プルプル」ではなく「プルンプルン」のリッチな質感に。月に一度の「肌へのごちそう」として、トライしてみてください。

4番目は「佐伯式SPF美白パック」。「明日は同窓会。肌をすぐにパッと明るくさせたい」というときなどの「奥の手」としておすすめです。

まず、ローションパックで肌表面を整えます。そのあとでSPF30〜50程度の比較的数値の高いSPF下地クリームを、たっぷりと顔全体に塗る。その上から「佐伯式ラップパック」をし、10分以上置いてから外《はず》します。濡らしたコットンで軽くSPF下地クリームを拭き取るか洗い流し、最後に美白美容液を重ねて終了。

これは「紫外線を寄せつけない」という、SPF下地クリームの特性を活

佐伯式SPF美白パック

1 ローションパックで肌表面を整える。

2 SPF下地クリームをたっぷりめに顔全体に塗る。光を跳ね返す「拡散剤」が入っているものを選ぶこと。

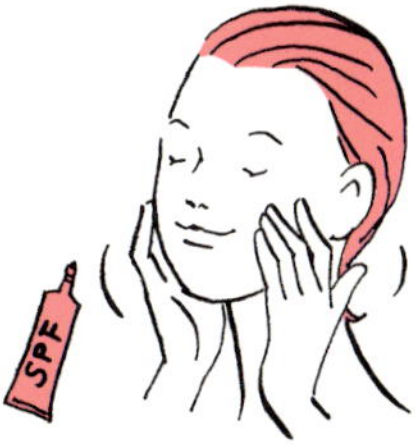

3 上からラップもしくはシャワーキャップで好きな時間だけおいてOK。濡らしたコットンで拭き取るか、洗い流す。そのあと美白美容液をつけて就寝。

目の錯覚を利用したスペシャルパック。夏の終わりなど、使い切れなかった数値の高いSPF下地クリームを捨てずに、このお手入れに利用して。勝負日の前夜におすすめの特別ケア。

かしたもので、それを塗ることで、肌は光をパーンと跳ね返すわけです。よく写真撮影で「飛ばす」という言葉を使いますが、光を飛ばすことで肌は明るく見え、欠点は目立たなくなる。瞬間ケアとしては非常に優秀なものです。

最後は「佐伯式・部分パック」。これは、シミやニキビ跡といった部分的なケアに用いるもので、シミやニキビ跡の色が薄い場合には、ローションパックで肌表面を整えたあとに、市販の美白パックを塗ってメラニン色素を吸い上げる。濃い色の場合には、美白パックを終えたあと、小さく切って軽く水で湿らせたコットンにビタミンC誘導体入りの美白用美容液を含ませ、それを該当《がいとう》部分に貼り付けて、その上からラップをかぶせる。吸い上げた色素をしっかりキャッチしてくれます。

どれも簡単にできて、すぐに効果が実感できるものばかりです。

40代のトラブルは、肌の表面で起きている場合が多い。だから今のうちに手を打っておけば、まだまだ美肌は取り戻せる。「肌のテコ入れ」のつもりで、ふだんのお手入れにパックを賢《かしこ》く取り入れましょう。

佐伯式・部分パック

❶ ローションパックで肌表面を整える。

❷ 粘土状（クレイ）になった美白のパック剤を顔全体に塗る。

❸ パック剤を拭き取るか洗い流したあと、小さく切ったコットンを水で湿らせ、そこに美白用美容液を含ませてシミの上に貼る。さらにその上からラップで覆う。

気になるシミは集中的にパックをすることで薄くすることができる。毎日このケアを続けた方は、500円玉大だったシミが1年後には5円玉の穴ほどの大きさに。まさに執念のお手入れ！

64

「ほてり」対処法

「汗が突然、噴《ふ》き出してきて、人前で恥ずかしい思いをする」「顔がほてって仕方がない」。私のサロンにいらっしゃるお客さまのなかには、こうした更年期障害《こうねんきしょうがい》の症状に悩む方がたくさんいらっしゃいます。

更年期障害とは、一般的に閉経《へいけい》を迎える50歳前後から、生理的な変化のために起こるいろいろな障害のことで、早期の現象としては、ほてり、のぼせ、異常な発汗《はっかん》、冷え、動悸《どうき》などがあります。

私自身は30代で生理の周期が狂い始め、ホットフラッシュから動悸、のぼせ、耳鳴り、そして四十肩、五十肩、六十肩までほとんど経験しているので、現在そういったものに苦しんでいる方の気持ちがよくわかります。なかなかまわりにも理解してもらえないから、つらいですよね。

もちろん、なかには心にまで症状が出てつらいという方もいると聞きます。

そんな方はきちんと専門医に相談なさったほうがいいでしょう。

ただ、私のように同じ体験をもつひとりとしてお話をうかがい、「私も経験したからわかるわ。これは一過性《いっかせい》のものだから、病気と思わなくていいのよ」「汗が出てきたら、冷たいタオルで拭《ふ》いたらいいじゃないの」「更年期障害って、いつの間にか始まって、いつの間にか治《おさ》まるの。ひとつの年代の症候群がちゃんと出てきたんだなって受け入れればいいじゃない」「大丈夫ですよ」とお伝えするだけで、「わかってもらえて安心した」といって喜んでくださる方がたくさんいらっしゃる。

からだはもちろんだけれど、気持ちを癒《いや》してさしあげるのも、とても大切なことだと思います。

もっとも私の場合、仕事をもっていたので、それを理由に会社を休むわけにもいかず、見た目は普通に生活していました。これがかえって、気が紛《まぎ》れてよかったのかな、というふうにも思っています。家に閉じこもっていたら、それこそ毎日「動悸がする」「汗が出る」と更年期障害のことばかり考えてしまいそうだもの。

これは、女性なら誰にも起こりうる人生の通過点。だから逃げることよりも、上手に付き合っていくことを考えたほうが賢明ではないでしょうか。

とはいえ、「ホットフラッシュ」と呼ばれるものなどは、最初に味わったときは「これが自分の身体なのか」とビックリするほど、奇妙な現象です。突然、首のあたりから一気に汗が噴き出てくる。そして、しばらくするとサーッとひいていくのです。こういった、異常な汗やほてりには、「佐伯式・冷ケア」をおすすめしたいと思います。

冷ケアは、いってみればお肌のクールダウン。カッカとなって毛穴が開いた肌を鎮静させるケアです。家にいるときなら、濡らして絞ったタオルをラップで包んで冷蔵庫に入れておき、症状が出たらそれを顔から耳、そして首すじなどにあてる。

また、冷凍庫で凍らせた保冷材をハンカチタオルで包み、ジッパーつきのビニール袋に入れておけば、外出先でも冷ケアが可能。保冷材が時間と

佐伯式・冷ケア

保冷材や冷やしたタオルなどを使って肌表面を鎮静させるケア。

保冷材を薄いハンカチタオルに包み、ジッパー付きのビニール袋に入れてバッグにしのばせて。時間とともにタオルが湿って、汗を拭いたりほてりを抑えるのに最適。

水で絞ったタオルをラップにくるんで冷蔵庫に保管。メイク前にこれで顔を覆えば毛穴が引き締まる。お手入れ前にやると、化粧品がぐんぐん肌の中に入っていく。

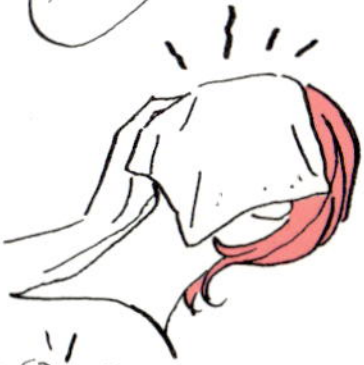

水羊羹やプリンなど、大きめの容器で氷をつくってラップでくるむ。メイクやお手入れ前にこれで肌を軽く押さえると、肌を鎮静させる効果がある。

ともに溶《と》ける際の水分がハンカチタオルを湿《しめ》らせ、それを肌にあてればひんやりとして、とても気持ちがいいの。ほてりも落ち着くし、ホットフラッシュのあとに残った汗の塩分も、拭《ぬぐ》うことができます。

また、自然の力を借りるというのもおすすめです。たとえば、アロマセラピー。ホルモンのバランスを整える働きがあるというゼラニウムやカモミールの精油《せいゆ》をバスタブに数滴垂《た》らして入浴すれば、身体もリラックスします。

更年期障害というのは、女性ホルモンのバランスが崩《くず》れることによって起きるわけでしょう。だったら自分で女性ホルモンを活性化させるのはどうかしら。テレビで好きな男性タレントを見て、「わぁ、すてき！」と感じるだけでも胸がドキドキして、少しは女性ホルモンも出ると思いますよ。

気持ちが変われば、身体も肌も変わる。「自家製ホルモン」は、どんな化粧品よりも効果的なのだと覚えてください。

今日から顔の「筋トレ」を！

電車の窓ガラスに映った自分の顔が、ひどく疲れて見える。隣に立つ20代とおぼしきお嬢さんの顔は、パーンと肌が張って輝いているのに……。

みなさん、こんな経験ありませんか。その差はいったい何でしょう。答えは「影」です。

赤ちゃんのときには「ゴムまり」のようにパンパンに膨《ふく》らんでいた肌も、年齢とともに「しぼんだみかん」のようになっていく。その原因のひとつは水分不足。そして、もうひとつは筋力の低下です。

30代、40代になると、しだいにバストやヒップが下がるように、すべてが「下へ下へ」と移動していきます。これは、単に重力で脂肪が下がるだけでなく、脂肪を支える「筋肉の力」も落ちているということなの。

あちこちで脂肪の下垂《かすい》が始まると、たるんだ部分に凸凹《でこぼこ》ができる。そこに光があたると「影」になる。これが、疲れた表情を生むメカニズムです。

また、しぼんだみかんを想像してみるとわかると思いますが、水分が不足すると、毛穴が窪《くぼ》んで目立つようになるのです。すると、どうなるか。ここにも小さな影が無数にできる。だから顔色が濁《にご》って見える。

そう、40代はいってみれば、「影との戦い」。だから逆にいえば、影をなくせば見た目の印象がぐっと若返るのです。

さて、話を筋肉に戻すと、下がってきた脂肪を引き上げるには、その土台となる筋肉を鍛えなければなりません。ものをよく噛《か》む、顔を洗うときには上へ上へと引き上げる。こういう日々の行動を意識することは大切。

そのほかに私がおすすめしているのが、「佐伯式ア・エ・イ・オ・ウ運動」(47ページ参照)。大きく口を開いて「ア・エ・イ・オ・ウ」と発声するという簡単なもので、とくに口のまわりをドーナツ状に取り囲む「口輪筋《こうりんきん》」を鍛えるのに効果的です。

また、鶴頸《つるくび》スポイトやスプレー容器を用いて、筋肉の流れに沿って水圧をかける「佐伯式ウォーターマッサージ」は、顔全体の筋肉を強化するだけでなく、肌表面も水分を含んでふっくらとするので、「影消し」にはもってこいのケアといえます。

　最後に、ちょっと専門的なお話をさせていただくと、目と口というのは、「大頬骨筋《だいきょうこつきん》」「小頬骨筋《しょうきょうこつきん》」という大きな筋肉でつながっています。つまり、口角《こうかく》が下がれば目尻も下がる。逆に、目尻が下がれば口角も下がってくる。「目尻が」「口元が」と一部分だけを見るのではなく、顔全体のバランスを見るクセをつけてください。

　この世に重力がある限り、時間とともに脂肪が下がってくるのは当然のこと。でも、それを「仕方ない」と放っておくのと、「何とかしよう!」と努力するのとでは、まったく下がり方が違ってくるのです。40代、まだまだ何とでもなる。絶対に諦《あきら》めてはダメよ!

佐伯式ウォーターマッサージ

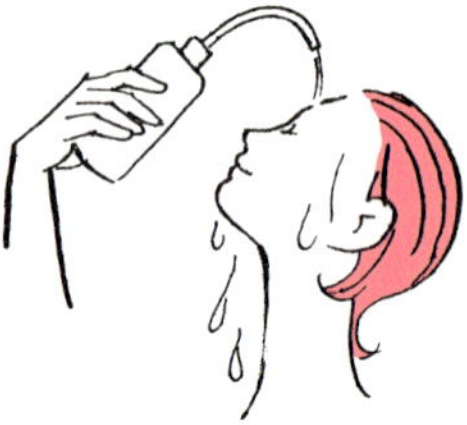

❶ 水の力を肌に直接与えるマッサージ。肌表面だけでなく奥の筋肉にも刺激を与えるので、すぐに肌が潤いキメも整う。

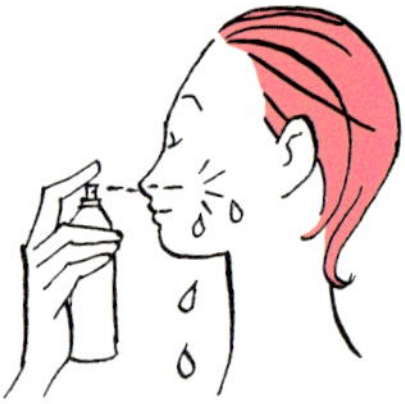

❷ 100円ショップや大型雑貨店などで販売されている鶴頸スポイトかスプレー容器に水道水か精製水を入れ、筋肉の流れに沿ってスプレーする。入浴中にやってもよい。

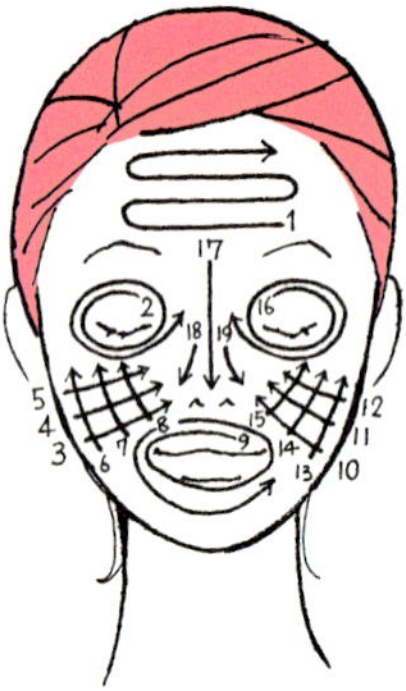

目元·口元の筋肉

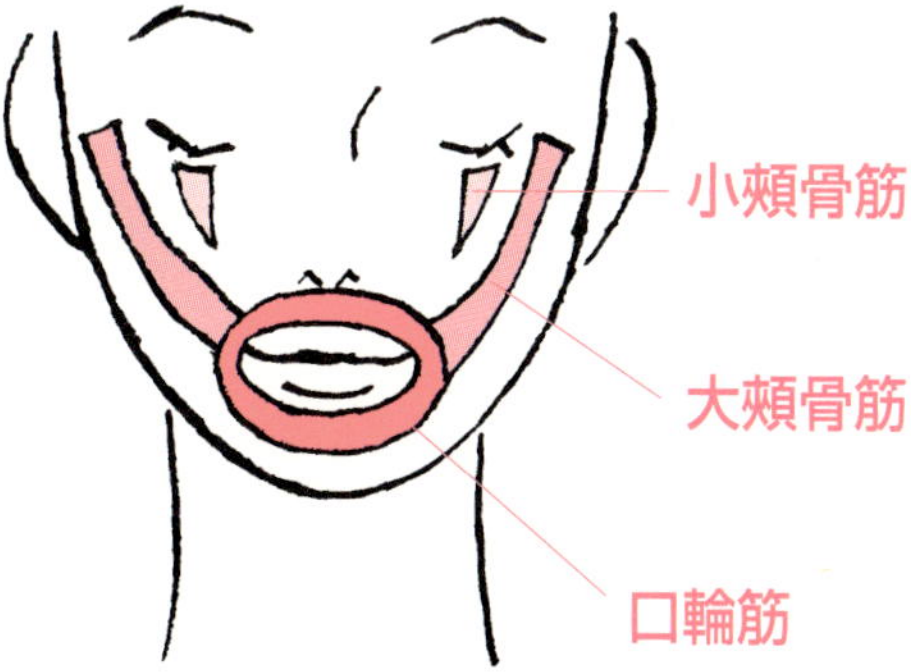

口のまわりの「口輪筋」と、目元から頬にかけてついている「大頬骨筋」「小頬骨筋」はつながっている。つまり、噛みグセなどが原因で片方の口角が下がると、同じ側の目尻も筋肉が引っ張られるので下がってしまう。左右、偏りなく噛むということはフェイスラインや顔全体のゆがみ矯正にもつながるので、意識をもつことが大切。

リンパマッサージで「くすみ払い」

肌は内側と外側からお手入れする。これはスキンケアの基本です。いくら肌の表面にたくさんの化粧品を塗っても、体内が健康でなければ美肌は生まれません。そこで、くすみ撃退のためのスクラブ洗顔とあわせて実践していただきたいのが、「佐伯式リンパマッサージ」。

これは、ひとことでいうと「体内浄化《じょうか》」。

私たちの身体には、「リンパ管」というものが張り巡らされています。リンパは体組織内の水分の循環をよくする、いわば下水管のような役目をしています。

さらに詳《くわ》しく解説すると、リンパ管には「リンパ節」といういくつかの中継地点があり、そこではリンパ球という細胞が、細菌を血液中に入り込ませないように戦ったりしているのです。みなさん、風邪を引いて耳の後ろ

佐伯式リンパマッサージ

❶アゴの中心からフェイスラインに沿って耳の後ろのくぼみ(耳下腺《じかせん》)に向かって中指を滑らせる。

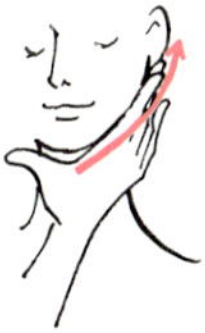

❷耳下腺まで到達したら指先で軽く押し、そのまま首をつかみながら肩へ向かって下ろす。左右同様の動きで。

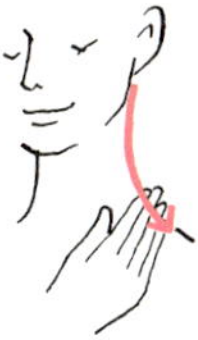

❸首の両側のリンパ腺を押す。

❹鎖骨のくぼみに指を入れて押す。

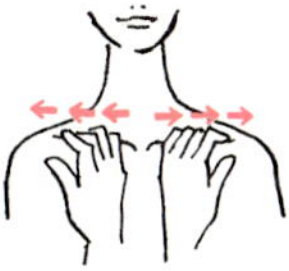

❺胸の上を指の腹で内側から外へ向かって押す。

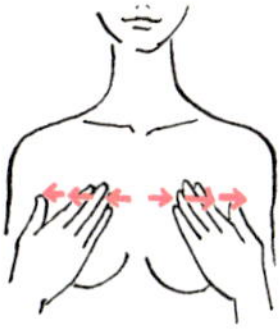

❻脇の下に指を入れてグッと押す。

❼背中側にも手をまわして押す

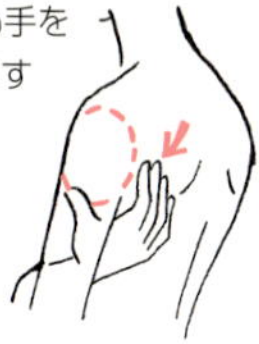

や足の付け根がプクンと腫《は》れたことはありませんか。この場所にはリンパ節がありますから、そこでリンパ球と細胞との戦いが繰り広げられているということなのです。

そのリンパの働きも年齢とともに低下していきます。つまり老廃物がきれいに押し出されずに、体内に滞《とどこお》りがちになる。それを人間の手によってサポートするのが、リンパマッサージというものなの。

顔のまわりでいうと、耳の後ろや首の両側、鎖骨《さこつ》のくぼみや脇の下などにリンパ節があります。そこに軽く圧力をかけて、老廃物を押し流す。これだけでリンパの流れがよくなり、くすみやむくみを抑《おさ》えることができるのです。

お風呂のなかでやってもいいし、朝のお手入れ前に3分間のリンパマッサージをすれば、小顔効果が期待できるだけでなく、メイクのノリもアップします。リンパマッサージは「体内のおそうじ」と心得て、こまめに続けましょう。

さて、体内からの「くすみ払い」として、もうひとつ気をつけていただきたいのが塩分。「くすみが気になるんです」という女性に、「塩っ辛いものが好きでしょう?」と聞くと、ほぼすべての方が「そうなんです」と応えます。

塩分の摂《と》りすぎもくすみやむくみの原因のひとつ。「日本人の食事は塩分が多い」とよくいわれますが、工夫次第で減らすことはできます。

たとえば、「赤のパワー」でお肌にもいいトマト。普通は塩やドレッシングをかけていただきますが、私の場合はトマトにちりめんじゃこをたっぷりとのせ、その上からレモンを搾《しぼ》るのです。そうすれば、調味料を使わなくても、しっかりと味がつく。おまけにカルシウムやビタミンCも同時に摂れて、お肌にもいいでしょう?

お料理をするときには、しょうがやレモン、ゆずなど、なるべく天然のもので味つけをするのが理想だと、私は思っています。

そして何よりも肝心なのが、水分補給です。以前、私のお客さまだった銀座のマダムは、仕事でお客さまの相手をしながらお酒とかウーロン茶を飲む程度で、ほとんど水を飲まない人だった。おまけにタバコをよく吸う。それでくすみを気にしていらしたから、「とにかく水をたくさん飲んで、塩分を控《ひか》えてください」とアドバイスしたの。そして数ヵ月後、私のもとに現れたマダムの肌は、見違えるように白くなっていたのです。

ニコリと笑って、彼女はこういいました、「やっぱり水ですね。水の力ってすごいわ」。きれいになりたいなら、体内浄化は必須です。

化粧品の貸し借り厳禁！

40代半ばといえば、そろそろ子どもが成人式を迎えるという方もいるでしょう。今のお母さまはルックスも若いから、娘さんと洋服やバッグ、アクセサリーなどの貸し借りをしているかもしれませんね。ただし、化粧品の貸し借りだけは厳禁です。

たとえ同世代の女性であっても、化粧品を共有するというのは私はおすすめしません。だって、100人いれば100通りの肌タイプがあるわけで、同じ40代でも「毛穴を引き締めたい」という人がいれば、「小ジワをなんとかしたい」という人もいる。目的が異なるわけだから、同じ化粧品でいいわけがないでしょう。

ましてや、娘ほど年齢が違うのなら、使うものが違わなければおかしい。「娘さんと、あなたの肌は一緒なの？」。親子で同じ化粧品を使っている人がいたら、私はこう問いかけたいものです。

肌の基礎体力があって、水分も油分もたっぷりとある10代、20代の肌は、きちんと洗顔さえしていれば、それこそ余計なものはつけなくてもいい。むしろ、そのころからお母さんが使うようなリッチな化粧品を使ってしまうと、肌が怠《なま》けてしまう恐れもあるの。

一方、年齢を重ねた肌は、さまざまなトラブルを引き起こしやすいのが現実。水分・油分の不足、代謝の悪化、筋力の低下……。また、弾力やハリを司《つかさど》る「真皮《しんぴ》」にもガタがきます。

そうした場合、娘がドラッグストアで買ってきた980円の化粧水やクリームでは、どうしても補《おぎな》いきれない部分が出てくる。真皮にまで栄養を送り届ける美容液、肌表面にたまった角質をやさしく落とすスクラブ、十分に保湿をしてくれるクリームなどは、40代の肌に不足しがちなものを補ってくれる化粧品。だから、あなた自身のために少し贅沢《ぜいたく》だと思っても揃えていただきたいと思うのです。

もっとも、スキンケアだけではなくメイク用品だって同じ。親子だとはいえ、肌の色も違えば、眉毛《まゆげ》の色だって微妙に違うはず。

結局、借りものの道具では、それなりの結果しか出ないということ。自分自身ときちんと向き合って、自分に合ったファンデーションやアイブロウを選べば、自然と顔に自信や責任感が備わってくる。

「気分はまだ20代！」。ちょっと変だけど、まあいい。でも、肌は確実に変化しているということを真摯《しんし》に受け止めましょう。そこから、正しいスキンケアは始まります。

第3章

「あなたらしさ」を引き出すメイク

誰のためのメイク？

「私を見て！」と主張する20代のメイク、「大人の知性と清潔感」が求められる30代のメイクを経て、40代はどんなメイクを心がけるべきか。それは、ひとことでいうと「品格と輝き」のメイクです。

もはや、メイクは異性の目を引くためや、自己主張をするための手段ではなく、もっと社会に向けたもの。具体的には大人の女であり、母であり、妻であり、ときには上司であるあなたを、表現するツールになってくるのです。

そうなると、「自分ひとりが楽しめればいい」というメイクでいいはずはなく、相手を安心させる雰囲気であったり、「さすが」といわせるような気品がメイクにも求められるというわけです。

基本的に、ある程度の年齢になってスッピンで外を歩くということを、私はいいこととは思いません。きちんと肌のお手入れをして、何も手を加える必要がないというのなら別ですが、30代、40代になれば、「何とかしたい」と思う場所がひとつやふたつあって当然。それを、人に気づかれないようにフォローするという「企業努力」があってもいいと私は思うのです。

そのヒントはこれから詳しくお伝えしていきますが、たとえば、薄くなった眉毛《まゆげ》を丁寧《ていねい》に描き足すとか、輪郭《りんかく》がぼやけてきた唇《くちびる》をリップペンシルで締めるとか。そういう些細《ささい》なことの積み重ねが、品格や輝きを生み出すということを、頭の片隅に置いておいてください。

少し話がそれますが、これはある母親と息子の会話です。

近所に買い物に行くときにメイクをするお母さんを見て、息子がこう尋《たず》ねました。「お母さん、どうしてお化粧するの?」。母親はこう応えます。

「スーパーで、誰に会うかわからないでしょう」

結局、その親子はスーパーで知り合いに会うこともなく、帰宅しました。すると「お化粧しなくてもよかったね」と息子。それに対して母親がいった言葉がこれです。「どうして？　お化粧をしている間、お母さんはきれいになったんだから、よかったじゃない」

これは実話なのですが、すごくすてきなお母さんだと思いませんか。誰のためにきれいになるか？　これは突き詰めれば、自分のためなのです。母として、妻として、上司として……。確かにそうなのですが、結果的にそこで誰かに認められるということが、自分を高めてくれるのです。だから、世間の目というのはとてもありがたいもの。

「私は私！」と自分の顔に何も構わないというのは、すごくもったいないことだと思う。40代のメイクは、20代、30代よりも格段に楽しいわよ。

40代のメイクは「中心へ」「上へ」

年齢を重ねるとよく、「お尻が四角くなる」などといいます。若いころはキュッと上がっていたものが、広がって下がった結果、生まれるのが「四角尻」。

顔にも同じ現象が起きています。つまり、年齢とともに「広がって下がる」。

さらに、眉毛やまつ毛、唇の輪郭などもぼんやりしてきますから、そのあたりを意識して、メリハリのあるメイクをしていただきたいと思います。

広がって、下がる。

まず、この事実を認識したら、メイクの心構えはいたって簡単。「中心へ」そして「上へ」を意識するのです。つまり、下に重心をもつ三角形ではなく、目指すべきは逆三角形の顔。そのときに有効なのが、「チーク」の入れ方を工夫して、視覚効果を狙《ねら》うということです。

まず、鏡に向かって「おちょぼ口」をつくったら、頬骨の一番高いところを基点にして、シャープにチークを入れます。このとき、青みの強いピンク色をもってくると、時間とともに浮いて見えるので、なるべく自分の肌色に近いもの。できればテラコッタカラー（レンガ色）の濃淡2色を使い分けてみてください。最初に淡いものを太めに入れて、濃いものでシャドウを入れる要領で。これで立体感と同時に、小顔効果が生まれます。

そもそも、広がって下がった顔というのは、表面にアップダウンがないのが特徴です。それでいて、45歳前後の女性は、チークを使っていないことが多い。のっぺりとした顔に色味もなければ、それこそ寂《さび》しい表情になってしまうでしょう。

私は普段、ほとんどノーメイクですごしますが、それでもポイントだけには手を加えます。そのひとつが、テラコッタ色の練《ね》りチーク。頬にポッと色が入るだけで、表情豊かで健康的に見えるものです。

ただし、いくらチークで顔を引き上げてみせても、目尻や口角《こうかく》がダランと下がっていては台無《だいな》し。目や口のまわりの筋肉は、使わないと退化《たいか》してどんどん下がっていきます。

とくにデスクワークの多い方や人と話す機会の少ない方は、その恐れがありますから、意識的に口や目を動かしたり、ものをよく噛《か》んだり、口角をこめかみに向けて引き上げるストレッチをするなど、下がりやすい部分を怠《なま》けさせないようにしましょう。

チークの入れ方

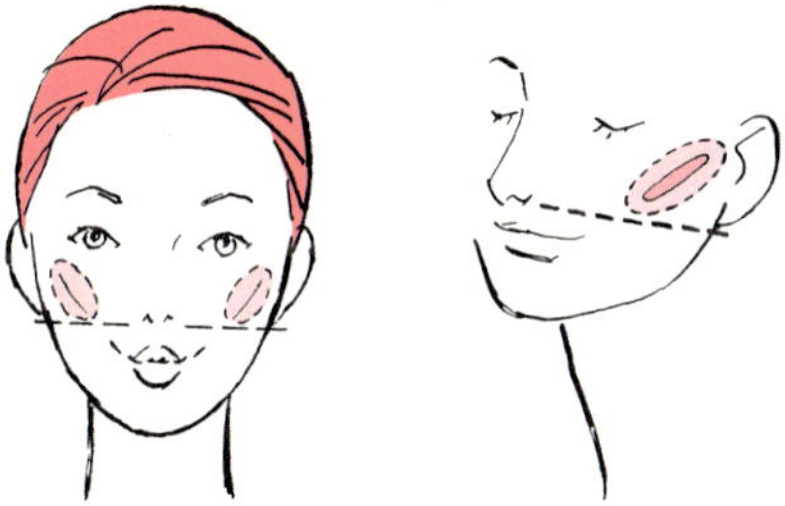

引き締まった印象をつくるチークの入れ方は、「おちょぼ口」をしたときに出る頬骨に沿ってシャープなラインを描くこと。淡い色を太く塗り中央に濃い色をのせる。

顔の輪郭まではなかなかメイクでは隠すことができませんので、これは普段の意識で「引き上げ」てください。「佐伯式ア・エ・イ・オ・ウ運動」で顔の筋肉を鍛《きた》えたり、クリームを塗るときには「上へ、上へ！」と唱えながらV字に顔を引き上げる「佐伯式・幸せのV字塗り」をしたり。

とはいえ、メイクアップというのは欠点を隠すものではなく、自分を「上げる」ものだと思うので、あまりメイクに依存しないでいただきたいのです。

佐伯式・幸せのV字塗り

指の腹と手のひら全体を肌に密着させ、V字をつくって頬のラインを引き上げる。

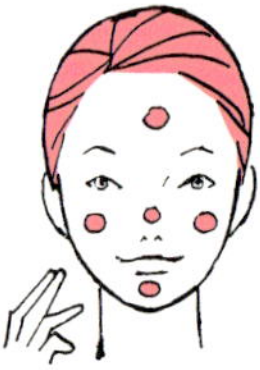

❶化粧品を5点につける。

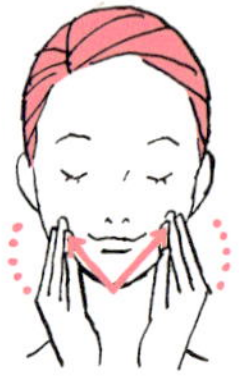

❷内から外へ向かってV字に引っ張る。

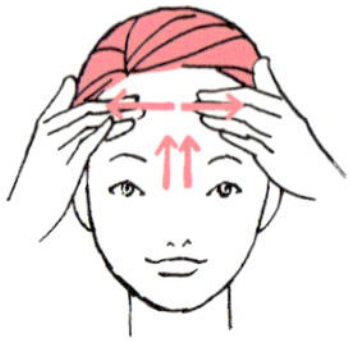

❸鼻筋を上へ、額を左右へ引っ張る。

❹鼻筋を下へ降りてきて小鼻に入れ込む。

❺こめかみを外へ引きながら、反対の手は目頭に向かって。

❻最後に両手でV字をつくり体温を伝える。

メイクで「艶感《つや》」を出す裏ワザ

私は年齢を重ねた女性に、まず「艶消《つやけ》しタイプ」の化粧品はおすすめしません。なぜならば、女性の肌というのは、放っておけば「光を跳ね返す肌」から「光を吸収する肌」へと移行していくからです。

ただでさえ、マット（艶消し）な状態になっていくのに、さらに艶消しタイプの化粧品をプラスしてどうするの。大人のメイクは、艶を出す方向で行かなくては。

こういうと、決まって「ラメ入りのアイシャドウを使ってます」「パール入りの化粧品が好きなんです」という人が出てくるのだけれど、そうじゃない。こういう金属入りの化粧品は、時間が経《た》つとくすんでくるのです。

ところが、それを知らない彼女たちのいい分は、「目元がキラキラしていると、若く見えるような気がして……」。

ハッキリ申し上げましょう。それは間違いです。だって、40歳をすぎた女性の目元が昼間からキラキラ、ピカピカしててごらんなさい。「この人、大丈夫かしら?」って、私なら思うわよ。

私がいう「艶感」とは、そこはかとなく内側から漂《ただよ》う「大人の艶」。それにはもちろん、毎日のスキンケアや規則正しい生活が不可欠ですが、メイクでそれを演出するとしたら、こんな方法があります。

まず、顔全体に艶っぽさを出すなら、とにかくコクのある化粧品を使うこと。アルコール入りのサッパリとした化粧水、乳液、パウダリーファンデーションなどは極力《きょくりょく》避けて、保湿系の化粧水と美容液を選ぶ。その上からクリームでフタをし、下地と日焼け止めクリームを塗ったら、リキッドファンデーションで仕上げをします。トロリ感のあるものを使えば、肌のみずみずしさが違ってくるの。

通常は、その上から白粉《おしろい》をたたきますが、夜の外出や涼しい季節など、化粧くずれの心配が少ないときには、白粉を省《はぶ》いてもOK。そうすれば、

口紅の塗り方

❶唇全体に口紅を塗る。

❷滲《にじ》みがちな唇の輪郭をリップライナーできちんと描く。上唇はシャープに、下唇は曲線で。

❸艶感と保湿のためにリップグロスを中央に。

よりいっそう艶感が出て、ホテルのロビーのような薄明かりの下で、肌がほのかに「発光」します。

さらに、「ひと手間」として加えたいのがグロス。口紅を塗ったあと、唇の中央にグロスをのせれば、それだけで立体感が出てセクシーな雰囲気が加わりますし、「唇の荒れ」もうまくカバーしてくれるのです。ぜひポーチに1本、しのばせて。

なお、私はメイクにプラスして、こんなところにも「艶出し」をしています。それは爪。肌に艶がなくなるということは、当然、爪もマットな状態になっていくということ。

もっとも私の場合、仕事柄、爪を伸ばし

たり、派手なマニキュアを塗るということはないのですが、よく「トップコート」を単体で塗ります。これだけでも指先に光沢《こうたく》が生まれ、生き生きと見えるものです。

艶消しか、艶出しか。迷ったら絶対に艶出しを！

紺色マスカラで「カサブランカ現象」

最近の10代、20代の女性は、「それ、つけまつ毛？」と思うほど、ベッタリとマスカラを塗っているでしょう。目元がダマダマになっていて見苦しいだけでなく、きちんとクレンジングをしないから、くすみだらけ。まさに、マスカラ依存症ね。

ところが40歳をすぎた女性となると、あっさりとマスカラを放棄《ほうき》してしまう人が多い。へたをするとアイラインもなし。眉毛をササッと描いて、何年も前に買ったアイシャドウを塗るだけでアイメイクはおしまい、という人がいるの。子どもの受験や家事で忙しいのはわかるけど、ここで手を抜いてしまったら、一生「どうでもいい」になってしまうわよ。

なにも「フルメイクをしなさい」とはいわないけれど、最低でも1本もっていて欲しいのが、紺色のマスカラ。なぜ紺色かというと、紺は「白目をきれいに見せてくれる」色だから。

これを私は「カサブランカ現象」と名づけています。

私のもっとも好きな花である、ユリの女王・カサブランカ。この「カサブランカ」とは、スペイン語で「白い家」という意味。うつむき気味に咲く姿が、地中海沿岸の白い家並みを思わせることから、そう名づけられたと聞いたことがあります。

その「家並みの白さ」を際立《きわだ》たせているのが、地中海の青色なのです。つまり、地中海の「青」と家並みの「白」というコントラストを目元に再現したのが、カサブランカ現象というわけです。

「魚は目を見て買え」といわれるように、目は鮮度の象徴。濁《にご》った白目には、どんなメイクも似合いません。こまめに目薬で目のなかを洗浄してあげましょう。

また、年齢とともにまつ毛は「やせて」くるもの。そうすると、表情も寂しくなってくる。それを補《おぎな》う意味でも、40代こそマスカラをきちんとつけてほしいのです。

塗る前にはビューラーでまつ毛を上げ、根元から毛先に向けて、まつ毛を持ち上げる要領でマスカラをつけます。マスカラのブラシを小刻みに左右に動かしてから引き上げるときれいにつくので、ぜひ試してみてください。

似合う色は変わる

目元にブルーのアイシャドウをのせ、口紅はショッキング・ピンク。伸ばした爪にはラメ入りのマニキュアを塗り、これ見よがしに街を歩いている、40代とおぼしき女性を見かけることがあります。今から20年ほど前、サーファー・ファッションが全盛のころに、こういうおしゃれが流行《はや》ったのです。それを、そのまま引きずっている人は、決して少なくない。

「自分はあのころと変わっていない」「いくつになっても華やかさを忘れたくない」「どうしてもこの色を塗りたい」。そこまでいうのなら、どうぞ好きになさってください。ただし、ひとこと忠告しておきますが、あなたはいいかもしれないけれど、見た人はびっくりする。結局、あなたはソンをするわよ、ということです。

たしかに40代は「振り返りの世代」「女ざかり」だと私は述べました。けれども、娘時代から20年もの歳月を経て、あなた自身もいろいろな経験をしてきたわけでしょう。失うものもあったかもしれないけど、そこに「成長」がなければおかしいわけです。気持ちが若いのは結構だけれど、今、20年前のコピーをしても意味がないの。

メイクに関していえば、自分にとっての「似合う色」は、どんどん変わっていきます。

私の場合、40代は白いスーツも着たし、プリントのブラウスも買っていた。けれども、50代になるとそれらは似合わなくなり、紺色がしっくりとくるようになった。さらに、60代になると黒。自分に似合う色というのは流動的なものなのです。

そして、年齢を重ねてからの色選びで気をつけていただきたいのが、くすんだ色。ただでさえ、肌の色がくすんでくるのに、そこに茶色やモスグリーン、山吹色《やまぶきいろ》などをもってくると、全体がトーンダウンして見えます。これは、服装でもメイクに関しても同じ。

一方、ブルーやショッキング・ピンクは、くすんで黄色みがかってきた肌とケンカをしてしまう。

そもそも、こういった青みのある色というのは、化粧品の広告に出てくるような白人のモデルだから映《は》えるのであって、黄色みのある日本人の肌には、合わせるのがむずかしいのです。だから私は、日本人の肌になじみやすいテラコッタカラー（レンガ色）をすすめるの。

「でも、もっと色で遊びたい」というのなら、アクセサリーやスカーフを活用してみてください。シックな黒いスーツの襟元《えりもと》に、赤いブローチをちょこんとつけると、とてもおしゃれですし、スカーフは首に巻くだけでなく、バッグにつけてもワンポイントになります。

「自分に似合う色？　わからない」ではなく、いろいろな色を試して自分を上げてくれるカラーを見つけ出していく。それも40代の課題。トライ＆エラーの精神が、女性を磨《みが》き上げていくのです。

「くすみ」はメイクで隠せない

前々から疑問に感じていたことがあります。それは「なぜ女性は、年をとると白いファンデーションをつけたがるのか」ということ。

肌の色は、若いころよりも確実にくすんでいるし、その上から白を塗れば、よけい欠点は目立つのに……。

それは、「白肌願望」の表れかもしれません。「私はバカンスに行く経済的な余裕があるのよ」という意味で、小麦色の肌をステイタスととらえる欧米人に対して、日本人は白い肌をよしとする傾向があります。

そこで、実際の肌よりも1段も2段も白い色のファンデーションが売れる。でも、試しにいろいろな色のファンデーションを塗ってみると、肌よりも少し濃い色のほうが収《おさ》まりがいいのです。

「売れるからつくる」。これは確かに商売の原理としては正しいのかもしれない。でも、明らかに肌から浮き上がっている色を、「お客さまが欲しがるから」ということで出すのは、売る側も無責任ではないかしら。

もう一度いいます。

肌がくすみ、シミも出やすくなる40代。決して自分の肌の色よりも白いファンデーションで、くすみやシミをカバーしようと考えてはダメ。くすみやシミは隠れるどころか、肌が白浮きしてかえって欠点が目立ちます。

それから、ヨーグルトは時間が経つと、表面に黄色っぽい液体が出るでしょう。あれは乳酸菌の発酵が進むと出てくる「乳清《ホエイ》」というもの。ファンデーションも、一日中つけていると肌の上で酸化をして、変色してしまいます。そのときにファンデーションの色が白いほど、変色が際立ってしまうのです。結果、肌色はさらに濁ることに。

だから、肌をきれいに見せたいなら、断然濃いめのオークル系のファンデーションを選んでほしい。

そして、できれば隠すことよりも、トラブルそのものをなくすことを考えてください。隠すことが当たり前になると、「嘘《うそ》の上塗り」ではないけれど、去年よりも今年、今年よりも来年という具合にエスカレートしていく。その結果、「厚化粧」という事態を招《まね》き、それこそ「老《ふ》けメイク」の極《きわ》みに陥《おちい》ってしまうのです。

ちなみに普段、私はファンデーションというものをほとんど使いません。下地クリームと日焼け止めを混ぜて、しっかり塗るだけ。隠すことよりも、素肌をきれいにすることに精力を注いでいます。

そこが解決すれば、何も色でカバーをする必要などないのです。今は日焼け止めクリームでも、うっすらとオークルのような色がついたものがあるでしょう。あれで十分。「隠しごと」のないメイクは、なんと気持ちのいいことか。みなさんにもぜひ、それを味わっていただきたいものです。

眉頭《まゆがしら》をしっかり描いて躍動感を

チークで中高《なかだか》の顔をつくる。これに加えて、顔が下がって広がりやすい40代におすすめするメイクのポイントが、眉頭《まゆがしら》をしっかり描くということです。

年齢を重ねると、通常はまつ毛がやせて、眉毛も薄くまばらになっていきます。とくに、毛抜きで眉毛を抜いてきた人は、その部分だけ毛が生えてこないということもあるでしょう。

私は、「眉毛は顔の額縁《がくぶち》」といっています。

この額縁が中途半端だと、顔全体がだらしなく見える。反面、ここがキッチリとしていれば、メリハリがついて凛々《りり》しくなるものです。なかでも、眉頭に力があると、顔に躍動感が生まれます。

しかし、「眉頭をしっかり描け」といわれても、これがなかなかむずかしい。クッキリと描きすぎて、海苔《のり》を貼りつけたような不自然な表情になってしまったという人も多いのでは……。

失敗をなくすには、最初にいちばん高くする「眉山《まゆやま》」を決めること。眉山の目安は、黒目の外側を垂直に伸ばしたあたり。そのポイントが決まったら、アイブロウペンシルを使って、まず眉頭から眉山までを直線で結び、あとは緩《ゆる》やかに眉尻に向かって延ばしていきます。

ただし、このままでは「クッキリ眉」になってしまうので、必ずぼかすこと。眉用のブラシをコットンの上で数回滑《すべ》らせ、毛先にコットンを絡《から》ませたら、描いた眉の上をそれで軽くなぞります。とくに眉頭を整えるときには神経を集中させ、自然な力強さを演出しましょう。

なお、アイブロウの色選びですが、ポイントは眉をいかに「自毛」に見せるか。真っ黒では不自然だし、かといって茶色だけではぼやけて見えます。ですから、最初にグレーで全体を描き、隙間を1本1本埋《う》めるように、上から茶色を少し重ねた「2色づかい」なら立体感が出ますし、自然な表情になります。

アイシャドウに関しては、最初に淡い色をアイホール全体にのせて、目の際に向かって徐々に濃い色を重ねて目元を彩《いろど》っていく。また、アイラインは目尻に沿って下げるのではなく、少し上げ気味に描いてみましょう。こういう小さな作業が、キリリ感のある顔を生むのです。

化粧とは、決して「化《ば》ける」ことではありません。自分のチャームポイントを引き出し、同時にウィークポイントを補うもの。顔が全体的にぼんやりしてくる45歳は、アイラインやリップラインなどの「線」を意識しましょう。知性とシャープさが増します。

40代の目元メイク法

眉頭（A）と眉山（B）をまずグレーのアイブロウ・ペンシルで結ぶ。そのあと、茶色のペンシルで隙間を1本ずつ丁寧に埋める要領で描く。2色づかいで立体的に見せる。

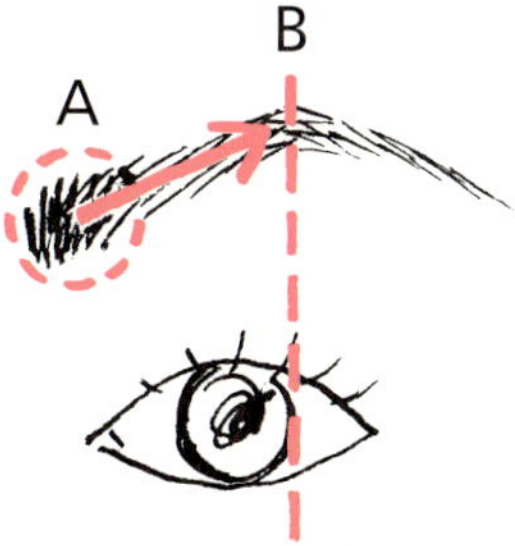

アイシャドウは、まず淡い色をまぶた全体にのせ、目の際へ向かって濃い色を重ねづけ。入れ方は外側から内側へ流すように。また、アイラインは引き上げ気味に描くとキリリ感が出る。

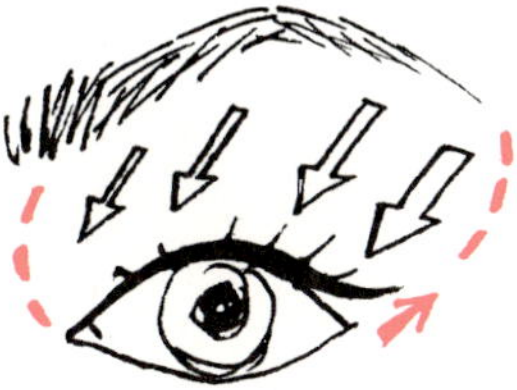

第4章

「センスアップ」のための七つ道具～40代～

エルメスの「ケリーバッグ」

カルティエの時計、モンブランのペン、グッチのスカーフ、シャルル・ジョルダンの靴……。仕事をもつようになってから、自分なりの「理想の女」像をもとに、欲しかったものを少しずつ買い揃えてきた私。でも、なかなか手に入らなかったものがあります。それが、エルメスの「ケリーバッグ」。「ケリーバッグ」というネーミングは、ご存知のとおり、ハリウッド・スターから、モナコ公国レーニエ大公妃へと華麗なる転身を遂《と》げた、グレース・ケリーの名前からとられたもの。

グレース・ケリーは、1957年に女児を出産しましたが、そのとき、マスコミに妊娠を悟《さと》られないよう、エルメスのバッグ「サック・ア・クロア」で腹部を隠したのです。この一件で、サック・ア・クロアは「グレース・ケリーがもっていたバッグ」として一躍有名になり、のちに「ケリーバッグ」と改

憧れ続けていたものに妥協《だきょう》はしたくなかったので、それと出合うまで辛抱強く待ったことで手にすることができた「ケリーバッグ」。今でももつたびに背筋が伸びる感じを覚える。

名されたといいます。

さて、長年憧《あこが》れていたケリーバッグを、ようやく自分のものにすることができたのは、インターナショナル・トレーニング・マネージャーとして、クリスチャン・ディオールに入社した年、45歳のときでした。

一度は美容の世界を離れ、主人の看病と他界で、身も心も肌もボロボロになった私が、再び美の世界で仕事をすることになった。何か、自分を奮《ふる》い立たせるものを手に入れたかったのかもしれません。

ただし私の場合、「ケリーバッグなら、何でもいい」というわけではなかったのです。「黒革・中縫い・35インチ幅」というのが条件で、それこそ一生モノだから、決して妥協《だきょう》したくなかった。

今でも人気の高いケリーバッグは、「何年待ち」などというけれど、当時もお目当てのものがなかなか手に入らなくて。仕事でパリへ行くたびに、時間を見つけてはエルメス本店に足を運んだのですが、いつもスタッフの答えは「ノン」。

4〜5回は訪れたでしょうか。あるとき、夕方にお店に出向いたら、すでに顔なじみになった店員が、私に向かって手招《てまね》きをするのです。どうやら「上の階においで」といっている。黙ってついていくと、念願の「黒革のケリー」があったのです。聞くと、「明日、店頭に並ぶ商品が、たった今入荷《にゅうか》した」とのこと。憧れのケリーバッグが目の前にある！　夢のようでした。私は、店員に何度も「メルシー」をいい、お店をあとにしたのです。

この一連のできごとで、私は確信しました。「願いはかなう！」と。

欲しいものが明確であり、それを手にしたいと心から願って行動に移せば、不可能は可能になる。今でもこれは、自信をもっていえます。

さて、ケリーバッグをもつとき、私はある種の緊張感を覚えます。だから マニッシュなスーツを着て、7センチのハイヒールを履き、いつもより少し速いペースで、バッグの存在感に負けないよう、颯爽《さっそう》と歩くことを心がけています。

ほどよいサイズと軟《やわ》らかな革、フタつきの上品さ、見た目のエレガントさ……。苦労して手に入れたケリーバッグは、あれから20年という年月が経とうとしている今でも当時の輝きを失わず、それどころか、どんどん自分に馴染《なじ》んで、愛着がわくばかりです。

「ロングセラー」と呼ばれるものには、それなりの理由がある。見た目だけではない。使い心地だけでもない。その両方をバランスよく兼ね備えた上に、「物語」が存在する。世界広しといえども、ここまで女性を夢中にさせる一流品は、そう多くはないのではないでしょうか。

ゲランの化粧品

フランスのマダムたちが、そして美容ジャーナリストが、最終的に行き着く化粧品ブランド、それがゲランです。20代でも30代でもなく、40代にこそふさわしい。まさに、ここでご紹介のエルメスやバカラに匹敵する格を備えているのが、このブランド。まだ体験したことのない方は、ぜひ一度、手にしてみることをおすすめします。

1967年、私は24歳のときに、フランスの化粧品メーカー、ゲランに入社。化粧品のイロハから接客の仕方、各国の美容に対する意識などを学びました。入社前、美容学校時代とその後、松屋デパート美容室に勤めていたころにお世話になった、私が師と仰《あお》ぐ故・牛山喜久子《うしやまきくこ》先生に転職の相談をしたところ、「フランスの化粧品はすばらしいわよ」「ゲランはいいわよ」といってくださった。

香りといい容器のデザインといい、フランス・マダムのエレガンスを感じさせる。とくにネッククリームは、私も毎日使ってデコルテをお手入れしている。3ヵ月に1個は使い切る。

実際に入社すると、まさに先生がおっしゃったとおりで、それまで日本の限られたメーカーの化粧品しか知らなかった私にとっては、驚きの連続でした。

当時、フランスの美容について私にさまざまなことを教えてくれたのは、フランス人のマダム・リゴプロという女性。クレンジングだけでもゲランには9種類ものタイプがあり、ひとつひとつ丁寧《ていねい》に説明してくれました。

「ネトワヤントというのは、ドライクリーニングに出したように、汚れもキッチリと落とすの。デマキヤントは軽く洗い流す程度ね」という具合に。つまり、フルメイクをしたときにはネトワヤント、ノーメイクに近い状態ならデマキャントというように、汚れの度合いに応じてクレンジングが選べるようになっているのです。

これはどういうことかというと、「取りすぎ」を防ぐのです。「さほど汚れていない洋服を、クリーニングに出すな」というのは、頻繁《ひんぱん》に出すと、生地《きじ》が傷《いた》むからでしょう。

それと同じで、少し落とせばいいものを、必要以上にケアしてしまうから、肌が悲鳴《ひめい》をあげるの。クレンジングひとつとっても、ゲラン製品にはこれだけのこだわりがある。だから、クレンジングをしたあとに、さらに石鹸《せっけん》で顔を洗う「ダブル洗顔」など必要ないのです。「顔を洗うのをおやめなさい!」という私の提言は、このゲランの思想がベースとなっているのです。

1828年、パリで誕生し、ナポレオンⅢ世の皇紀のためにつくった香水「オー インペリアル」で、王室御用達調香師《ごようたしちょうこうし》の称号を授《さず》かったピエール・フランソワ・パスカル・ゲラン。

最高の香料、最新の研究開発、ボトルデザイン、ネーミング……。香水メーカーとしてスタートしたゲランは、「お客さまが喜んでくれるもの、最上のものをつくる」というのがポリシーで、それは化粧品づくりにも息づいています。とにかく歴史、デザイン、クオリティ、どれを取っても女性をうっとりさせる魅力にあふれているのです。

私は今でもゲランに勧めていたころに買った、男性用のチークを大切にもっていますし、スキンケアではイシマ・シリーズを愛用しています。使い心地はもちろんのこと、香水や化粧品の容器も美しく、思わず部屋に飾っておきたくなるほど。

ただし、これだけのこだわりがあるのですから、当然、多少値段も張ります。でも、私は40代になったら少し無理をしてでも、いいものを使うべきだと思う。これまでがむしゃらに働いてきた人も、子どもにかかりきりだった人も、再び自分自身に目が行く。それがこの年齢だと思うから。

ここで思い切って使ったお金は、必ずあなた自身に戻ってきます。何といっても40代は女ざかり。「勝負化粧品」はズバリ、ゲランです。

ジバンシィの香水「ランテルディ」

「ランテルディ」。それは、ジバンシィが女優オードリー・ヘプバーンのためにつくったということで、あまりにも有名な香水です。

ご存知のとおり、ジバンシィは、パリにメゾンを構えるオートクチュール・ブランド。そして、オードリーが出演した映画、「シャレード」「パリの恋人」で、彼女の衣装を担当したことでも知られており、1957年、「パリの恋人」が公開された年に、ランテルディは発売されたのです。

この香水のコンセプトは、「エレガンス」。ユベール・ド・ジバシィは、洋服の生地を選ぶときと同じように、その香水づくりにも最高の花を選んだといいます。アルデハイドをベースに、ジャスミン、ローズ、ホワイトピーチ、イランイランなどから成る香りは、甘すぎも渋《しぶ》すぎもしない、「爽《さわ》やか」という表現がぴったり。まさに「永遠の妖精《ようせい》」、オードリー・ヘプバーン

大好きなオードリー・ヘプバーンがこよなく愛した「ランテルディ」。そのネーミングにも彼女にまつわる物語が隠されていてすてき。

の清純さや可憐《かれん》さを見事に表したものだといえるでしょう。

オードリーの熱狂的なファンである私にとっては、ランテルディをつけるたびに、「オードリー気分」に浸《ひた》れるというのも、最高にうれしいことです。

さて40代になると、使う化粧品も洋服も、20代のころとは違ってきますが、香りに関してはどうでしょう。これは目に見えないものだけに、案外おざなりにされていることも多いものです。

私の考えとしては、若いうちはシングル・フローラルやフルーティなど、お花や果物の香りがストレートに漂《ただよ》うものがふさわしいと思う。40代になってもそれをつけ続けて、「自分の香り」に育てていくのはすてきなことですが、これから新しい香りにチャレンジするなら、複数の花の香りが融合した「ブーケ」調のものもおすすめです。

20代の天真爛漫《てんしんらんまん》な魅力とはまた違う、「奥行きのある世代」に突入した40代。若いころにはむずかしかった香りも、不思議となじむのです。

ちなみにランテルディは、「禁止」という意味。オードリーが「私以外の人は使っちゃダメ」といったとか、ジバンシーが「オードリー以外は使用禁止」という意味を込めた、などの説がありますが、いずれにしろ、香水というのは、それだけパーソナルな存在であるということ。あなたも最高の香りを手にしたら、それを独占するぐらいの気持ちで自分のものにしていきましょう。

そして、同じ香水でも長い間使っているうちに、その人の体臭とミックスされて「自分だけの香り」になるのもすてきでしょう。40歳をすぎたら、いい部分も、悪い部分もふくめて、自分自身を確立しているべきだと思う。

そして、自分らしさを表現する香りも、熟知しておくべきではないかしら。

私にとって、オードリー・ヘプバーンは、永遠の憧れの女性。愛くるしい笑顔と、どんな洋服もファッショナブルに着こなすスレンダーなスタイル、品のある佇《たたず》まいと、芯《しん》の強さ。晩年《ばんねん》はユニセフの活動で世界各国を巡《めぐ》るなど、その生き方もすてき。年齢を重ねた顔はシワだらけだったけれど、それでも美しく輝いていたもの。

約半世紀にわたり、世界中の女性に愛されてきたランテルディは、「オードリーのような可憐な女性になりたい」という気持ちをいつも忘れないでいさせてくれる、そんな象徴でもあるのではないかしら。私も大好きな香りです。

ダイヤモンドのアクセサリー

先日、ある女性誌をめくっていたら、アメリカのジュエリー・ブランド、ハリー・ウィンストンの広告が出ていました。モデルを務めているのは、女優のアンジェリカ・ヒューストン。いかにも普段着という格好に、ボリュームのあるダイヤモンドのネックレスとブレスレットを合わせ、シワだらけの目元・口元を隠そうともせずに微笑む彼女は、すでに50歳を超えているそうです。

私は瞬間、「なんて美しいの」とため息をつきました。ゴージャスにジュエリーをまとった若いモデルよりも、現代の技術によるシワひとつない顔をアップにした化粧品の広告よりも、シワだらけのアンジェリカ・ヒューストンとダイヤモンドの組み合わせが、ひときわ艶《つや》っぽく見えたのです。「やっぱりダイヤモンドは、年を重ねてからのほうが似合う!」。私の考えは間違っていませんでした。ダイヤモンドというのは、あの輝きが魅力でしょう。ただでさえ、分泌物が多くて肌がテカりやすい20代、30代では、ダイヤと肌の質感がケンカしてしまうもの。

でも、年を重ねてマットになってきた肌には、とにかくダイヤの輝きが

アクセサリーをつけるときに気をつけているのは、数より質にこだわるということ。一点豪華主義ではないけれど、「今日はこのダイヤモンドにポイントをおこう」と思ったら、余計な装飾品はつけない。ムダを省いた、センスのあるおしゃれ。

映える。シワだって多少のシミだって、すべてダイヤを引き立てる要素になってくれるのです。これは、まさに40年間がんばってきた女性への、神様からの贈り物。今こそダイヤの世界を楽しもうではないですか。

さて、抜群の耐久性と、無垢《むく》な輝きをもつダイヤモンドは、「永遠の愛」の象徴として、エンゲージリングの定番としても愛されてきました。また、プリンセスカット、ブリリアントカットなどのカッティング法によって、表情が変わるのも魅力です。

よく芸能人の婚約会見で、「指輪は何カラットですか」などという質問が飛びます。それは有名人は少し見栄《みえ》を張らなければならないかもしれませんが、自分へのプレゼント、もしくはご主人や恋人におねだりするなら、重さや大きさはさほど気にしなくてもいいのではないでしょうか。

「小さくても本物！」。これがポイントです。

すべてにおいて、40代は「ニセモノ」は通用しないと心得ましょう。もっとも今、高級時計というものにあまり興味のない私は、それこそ夏のカジュアルなお出かけには、プラスチック製の涼《すず》しげな時計をすることもあります。でも、これはアクセサリーと割り切っているから。間違っても「カルティエ風」の時計などはしません。本物か遊びか。その中間はないと考えておいたほうがいい。

ちなみに私は、本書のシリーズにおいて、25歳にはルビー、35歳には本真珠のアクセサリーを身につけることを提案してきました。欲望の20代にふさわしい情熱の赤、品格を身につける30代を経て、自分を見つめ直し、さらにセンスアップが求められる時期にきた40代には、どこか幸せな未来を予感させるダイヤモンドがぴったりだといえるでしょう。

エレガントなドレスに合わせるのも素敵ですが、アンジェリカ・ヒューストンを気取って、カジュアルな装《よそお》いに1点か2点、ダイヤのアクセサリーを入れるというのも、粋《いき》な大人のおしゃれだと思います。

バカラのグラス

光があたったときの、何ともいえない上品な輝き。手にずっしりとくる適度な重量感。繊細《せんさい》なカッティングと透明感。シンプルなグラスでも、バカラのものには、すぐにそれとわかる「表情」があります。

アルコールは滅多《めった》にいただかない私ですが、自宅の食器棚には、バカラの「マイグラス」がひとつあるのです。

これは、「仕事を終えて家に帰ったあと、窓の外に浮かぶ東京湾の夜景を見ながらひとりグラスを傾《かたむ》ける……」、そんなシーンに憧れていた私が、何年か前に衝動《しょうどう》買いをしたもの。長く使いたいので、デザインはシンプルなものにしました。

とはいえ、なかなかそんなロマンチックな時間などつくれず、仮にできたとしても、カルーアミルクを飲む程度ですが、それでもこのグラスはも

存在感のあるバカラのグラスは、セットで揃えるのもいいけれど、気に入ったカットのものをその都度、手に入れるというのも粋な買い方。

っているだけ、眺《なが》めているだけでも人を幸せにさせる、そんなパワーがあると思うのです。

1764年、フランス東部のバカラ村で産声《うぶごえ》をあげ、世界中の王侯貴族にも愛されてきたバカラ。ブランド誕生から200年以上の歳月を経ても、古さをまったく感じさせず、今なお世界的に愛されていることは、誰もが認めるところです。

私は60歳をすぎてから、そのバカラの花瓶と置き時計をプレゼントされるという機会がありました。これがまた、置くだけで部屋をパッと華《はな》やかにしてくれる素晴らしいもの。私はよく「一流に触れなさい」というのですが、まさにバカラの製品からは、「一流オーラ」がたっぷりと出ています。

とはいえ、花瓶や置き時計は、買うのにもそれなりの勇気が必要なので、手始めにグラスをひとつ、手に入れてみてはいかがでしょうか。

日本人は、器というと5つほどのセットで買わなければいけないと思いがちですが、私は気に入った器を1個単位で買うことが多いの。たくさん買おうと思うから躊躇《ちゅうちょ》するのであって、本当に欲しいものを1つずつ揃えていくのも、それなりに楽しいものです。

ご主人や恋人がお酒を飲む方なら、バカラのペアグラスなんていかがでしょう。いつものお酒が1ランクも2ランクも上のお酒に感じるはずよ。

フォックスの小物

毛皮は女性にとって永遠の憧れ。けれども、使い方がとてもむずかしい。

一歩間違えると、とてもいやらしくなってしまうので、年齢や立場、シーンに合ったものを選びたいものです。

そこで、40代は何が似合うかと考えたときに、私の頭に浮かんだのがフォックス（きつね）の毛です。

ひとくちにフォックスといっても、シルバーフォックス（銀ギツネ）、レッドフォックス（赤ギツネ）、ブルーフォックス（青ギツネ）など、タイプはさまざま。キツネの毛は、一般的に毛足が長くて光沢《こうたく》があるため、見た目に美しく、染色をすれば違った表情が生まれます。

毛皮の王様といえば、よくミンクの名があがりますが、キツネの総毛皮のコートなんて、それこそミンクよりも高価ですばらしいものがあるのよ。私は40代のころ、シックなスーツを着たときに、よく襟や袖口《そでぐち》にフォックスの毛皮をつけていました。それだけでもゴージャスさがまったく違うの。

たとえば一流レストランやホテルのラウンジに足を踏み入れたとき、スタッフは、さりげなくゲストの持ち物をチェックしているものです。

そのときに、40歳をすぎた女性がテロンテロンのスカーフや、フェイクファーの襟巻きをしているのは、どうでしょう。あなたが恥《はじ》をかくのならまだしも、一緒にいる方も決して気分がよくはないはず。ところが、本物のフォックスのショールひとつもっていてごらんなさい。「あ、さすが」とまわりがあなたを見る目も変わるはずです。

だから、少し背伸びをしてでも上質なものを手に入れてほしいの。ただし、勘違いしないでいただきたいのは、背伸びをするのと見栄を張るのとは違うということ。

その場を取り繕《つくろ》うためではなく、自分のふるまいに自信をもつために、もっとすてきな女性になるために、年齢に見合ったものを身につける。これが大切なのです。

私は色やボリューム感の違うフォックスの襟巻きを3つほどクローゼットにしまっておき、少し華やかさがほしいときなどには、そのなかからひとつを選び、首にサッと巻いて出かけます。

ちょっとしたアクセントに使えるファー・アイテム。マフラー代わりにさりげなくフォックス・ファーを襟元に添えるのは、とてもおしゃれ。色の違う数種類を揃えておくと、着まわしに便利。

そして実際、本物のフォックスの襟巻きというのは、軽くて暖かいの。「春らしくなってきたけれど、まだ少し肌寒い」。こんなときには、毛皮のショールが大活躍します。それにフォックスの毛皮を身につけて家を出た日は、どことなく背筋がシャキッとして、歩き方まで変わってくる。

値段はいろいろですが、まずは手に届く範囲のもので、少しずつ買い揃えていってはいかがでしょう。大切に使えば一生モノになるので、信頼できるお店で慎重に選びたいものです。

ヨシエ・イナバの服

「40代のファッションはむずかしい」。そんな言葉をよく耳にします。デパートに行っても、若者向け、シルバー向けの洋服はたくさんあるのに、その中間が抜け落ちている。この世代は、若々しい人と老《ふ》けている人の個人差が激しく、メーカー側も世代でイメージを決めるのがむずかしいという。

そんなことが理由のようですが、私はなにも40代向けのブランドにこだわる必要などないと思う。それよりも、「色」や「丈《たけ》」、「シルエット」という基準で、自分をいちばんきれいに見せてくれるものを選べばいいのではないでしょうか。

それすらもわからない、という方には私の好きなブランドをご紹介しましょう。それは「ヨシエ・イナバ」。年齢を問わず上品に着られ、コーディネートしやすいのが魅力。

40代になると、どうしてもいろんなものが下がってくるでしょう。だからといって、それに合わせてダブダブの服を着ていたら、身体はそれに順応してますます緩《ゆる》くなっていく。ヨシエ・イナバの服は、ウエストがやや上の位置にあり、シルエットもスッキリしているので、脚が長くスリムに見えるの。

少々値が張るので「普段着に」とはいきませんが、スペシャルな外出時にはよく着るブランドです。カジュアルラインの「レキップ・ヨシエ・イナバ」

のほうが若干、手ごろなお値段になっています。

メイクにおいても、下がって広がってきた顔を引き締めて見せるために、チークをシャープにつけたり、アイラインを少し上に向けて引いたりすることをお話ししましたよね。そういう「目の錯覚《さっかく》」を利用したテクニックは、決してあざといものではなく、いろいろな経験を積んできた40代ならではの「知恵」。大いに利用すべきなのです。

あざといのは、無理して20代向けの服を着て、「若いわね」といわれて喜んでいる女性。シワだらけ、シミだらけの顔をして、娘のような格好をしているお母さんをときどき見かけますが、若いのはあなたではなくて洋服。勘違いしないで。

それよりも、何てことのない白いコットンシャツなのに、よく見ると細かいプリーツや手の込んだ刺繍が入っている。そんなところに大人のセンスが出るのです。

また、黒いスーツは地味になりがちですが、襟《えり》に小さなピンブローチを

「ヨシエ・イナバ」の洋服はスタイルよく見せてくれる絶妙なカッティングと素材のよさが魅力。背筋を伸ばして着なければ、そのおしゃれなシルエットが台《だい》無《な》しに。腹筋と背筋を意識して。

つけるだけで、ぐっと華やかな印象になる。ゆったりめのパンツだって、ペタンコの靴を合わせるからおばさん臭くなるのであって、ハイヒールを合わせればすごくカッコよくなる。

そして、みなさんがよく間違えるのは、色で若さを補おうとすること。派手な色の服は、かえって老けを際立たせて見せることがあるので要注意。色はスカーフやアクセサリーで少量だけプラスするのが、失敗がなくて応用もきくと私は思っています。

近所のスーパーに行くときに着るTシャツやジーンズは、高級品を選ぶ必要はない。けれども、人前に出るときのジャケットやコート類に関しては、それなりのものを選んでほしい。「人を見た目で判断するな」と、みなさんは教わってきたかもしれませんが、40代にもなれば、見た目にその人のセンスや生き方がすべて滲《にじ》み出てくるのですから。

第5章

一流のボディをつくる

ジム通いよりも「小まめ運動」を

子どものころから、中原淳一《なかはらじゅんいち》の絵に出てくるような、目がパッチリ、ウエストがキュッとくびれた女性に憧《あこが》れ、宝塚歌劇団の俳優さんたちの洗練《せんれん》されたスタイルに見とれていた私は、顔と同じようにボディに対する興味も人一倍強いのです。

学生時代には、いかにきれいなボディのシルエットを出すかに頭をひねり、制服や部活のユニフォームにすら、自ら手を加えて「改造」していました。そして24歳で化粧品メーカーに入社すると、その意識はますます強まっていった。「人さまを、きれいにしてさしあげる」という職業に就《つ》いたからには、自分自身がきれいにしていなければいけない。そういう思いがあったから。私がお酒を飲まないのも、タバコを吸わないのも、すべて肌やボディのため。それぐらい美に対しては徹底していたいのです。

ところが、30歳をすぎたあたりから、少しポッチャリとしてきたのです。「これはいけない！」と思って、あらゆるダイエットにトライしました。実は真剣にやりすぎて、栄養失調で倒れたこともあったほど。

そのときに、「食べないダイエット、苦しみながらやるダイエットは、決して長続きしない」と悟《さと》ったの。

これはスキンケアにも共通していて、面倒くさいことやお金のかかることは、長く続かない。お手入れで大切なのは、とにかく「継続」。呼吸をするように、毎日の生活のなかで自然に肌のお手入れをすることができれば最高なのです。だから私のお手入れは、お金がかからない、時間がかからない、面倒《めんどう》くさくない。かけるのは「ひと手間」と「愛情」だけなのです。

度重《たびかさ》なるカロリー計算メインのダイエットに辟易《へきえき》していた私は、44歳のとき、「和田式ダイエット」というものに出合いました。これは、炭水化物と糖分は控《ひか》えるものの、1日2食、毎食9品目を摂《と》るという、これまでにない「食べてやせる」というダイエット法。

これが私の性《しょう》に合ったのでしょう。60キロあった体重が、わずか3ヵ月間で47キロにまで落ちました。それ以来、私はずっと和田式ダイエットを続け、今でもウエスト60センチをキープしています。

一度落ちた体重は逆戻りしたりしないので、もちろん今ではご飯やそばなど、大好きな炭水化物もいただきます。でも少し身体が重いな、と思ったときに「和田式」を取り入れるようにしています。

また、私が毎朝欠かさずに続けているのが、腹筋《ふっきん》、蹴《け》り上げ、シコ踏みという簡単な運動。正直、「まだ、眠いわ。今日はやりたくない」と思う日もある。そういうときでも、5回だけならピピッとできる。スキンケアと同じで、毎日続けることに意義があるから。

そして通勤途中の駅では、階段の上り下りはなるべく爪先を使ってテンポよく歩く。こういう「小まめ運動」が意外とバカにできないのです。だって、いざスポーツジムに入会しても、なかなか時間がつくれないでしょう。私も一時はジムの会員になっていました。でも、たまにしか行けないもの

佐伯式「小まめ運動」

イスの背などにつかまって、ヒップアップのための蹴り上げを5回。

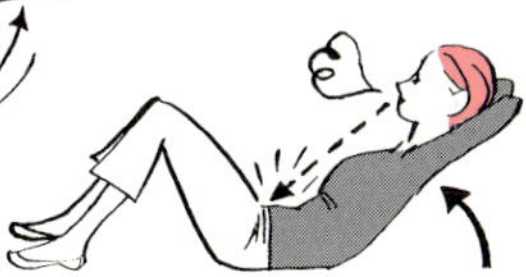

おへそを見るように意識して、息をフッフッと吐きながら腹筋を5回。

脚を開いてひざに手を置き、左右の肩を5回ずつ、グッと内側に。

駅の階段もハイヒールでない日は息をフッフッと吐きながら爪先で上り下り。

だから余計にフラストレーションがたまる。だったら、家や外出先で気がついたときに、小まめに身体を動かしたほうがいいのです。

身体が軽くなると行動も機敏《きびん》になるし、似合う洋服も増える。それに、なんといっても、自分自身の気持ちが軽くなるのです。これは楽しい。

だから、私は70歳になっても80歳になっても、「ナイスバディ」を目指して身体を動かし、好きな洋服を着続けたいと思っています。

姿勢には生き方が表れる

「40歳をすぎたら、自分の顔に責任をもて」。本書の冒頭で私は、リンカーンの言葉を引用しましたが、これ、実は姿勢にもいえることなのです。

たとえば、いつもふんぞり反《かえ》っているお偉《えら》いさんは、お腹が出ているものだし、ペコペコしてばかりいる人は、背中が曲がっている。また、立ち方、座り方、食べ方、歩き方、寝ているときの姿勢……、こういう日常の

佐伯式ピエロスマイル

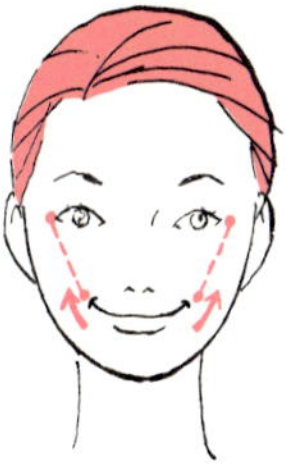

ピエロのように口をめいっぱい横に広げて笑ってみる。

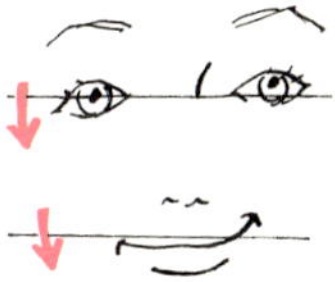

口角が下がっている側のフェイスラインは全体的に下がっているはず。こめかみの位置を左右見比べるとゆがみが一目瞭然。

すべてが、その人の姿勢となって顕著《けんちょ》に現れてくるのもこの年代です。

ところでみなさん、美人の条件というものをご存知でしょうか。それは「シンメトリー（左右対称）」な顔だといわれます。いつも右側の歯でものを嚙《か》んでいる人は、どうしても使っていない顔の左側がたるんできますし、足の組み方、バッグの持ち方などでも「ゆがみ」が生じることがあります。

だから、私はこまめに顔チェック、ボディチェックをして、左右対称になっているかを確認しています。

以前にそれをテレビでお話ししたと

ころ、ある若手タレントの方は、偶数の日は右、奇数の日は左でものを噛《か》んだり、バッグをもつようにしているとおっしゃる。意識して実行していらっしゃるだけあって、その方は左右シンメトリーな、すばらしくバランスのとれたお顔立ちです。

また、いろいろな女性を観察していると、立ち居振る舞いがきれいな人というのは、やはり見た目にも均整がとれた美しい姿をしているもの。一方、電車のなかで大股を開いている女性や、ペタペタとまるで男の子のようにガニ股で歩く女性をよく見てみてください。必ずといっていいほど、変なところに肉がついていて、足の形も決してきれいではないのです。

さらに、ダラダラと歩く人や、動作にメリハリがない人というのは、話してみると口調もだらしなくて、持ち物や服装も乱れていることが多い。かたやデキる人は、行動にもキレがある。きびきびと無駄なくきれいに動く人は、やはり頭の回転も早いものです。

さて、家庭をもつ人も多い40代、妻として、母として会合や会食に出かけるということも多いでしょう。そんなとき、サッと気を利《き》かせて席を立ったり気配りのできる人というのは、普段からそういう暮らしぶりをしている人。家でテレビの前にドーンと座って、おせんべいをバリバリと食べているような生活をしている人は、いざそういう場に行っても、すばやく動くことができない。美しい女性というのは、人が見ていないところでもきれいでいるのだと私は思います。

肌のターンオーバーが鈍《にぶ》くなるように、体内の代謝《たいしゃ》も年齢を重ねるごとに悪くなりますから、太りやすくなったり、動きが緩慢《かんまん》になるのは仕方がないことかもしれない。でもこの年齢になったら、自分の身体を「矯正《きょうせい》」することも覚えてください。たとえば、「今夜はちょっと食べ過ぎたな」と思ったら、その週のうちの一食を抜くという具合に、自分でコントロールするの。

顔は毎日見るから変化がわかりやすいけれど、ボディや姿勢というのは、つい視線が甘くなりがち。私はときどきショーウィンドウで自分の全身をチェックしています。「見て見ぬふり」は「退化」のもとよ！

「水着カレンダー」作戦

「どんな化粧品を買ったらいいのか、わからない」。そういう女性に対して、私はこう尋《たず》ねます。「あなたは、どういう肌になりたいの？」。

みなさん、あまりにも自分の肌を知らなすぎる。だからお店の人に「お客さまは乾燥がひどいので、このクリームを」「このファンデーションがお客さまの肌色にはお似合いです」といろいろなものをすすめられ、買うはめに。

自分はどんな肌で、何が足りないのか。チャームポイントはどこで、どこを強調したいのか。そういう分析と目標がなければ、「ただスキンケアをしているだけ」「ただメイクをしているだけ」ということになります。

それと同じことは、ボディに関してもいえるの。

「足が太いんです」「二の腕がダブダブで……」。こうして自分の欠点をあげることは簡単。でも、その先がほしい。「だから、信号待ちのときは爪先立ちをしているんです」「だから、寝る前には腕立て伏せをしています」。こういう行動が伴《ともな》わなければ、「やせたい」という「口《くち》だけダイエット」と一緒。いつまでたっても変わることはできません。

私の目標は、ウエストと足首が締《し》まって、ヒップがキュッと上がった、若かりしころのオードリー・ヘプバーンの姿。だから、足首にサポーターを巻いて細くする努力をしたり、ウエストに周囲60センチのゴムをつけて、常にそこを意識する習慣をつけ、そして毎朝、蹴り上げ運動を欠かさないというような行動に出られたわけです。

私が毎朝その簡単な運動をする部屋には、あるカレンダーが飾ってあります。それは、きれいなモデルさんたちの水着姿を写真に収めた、某航空会社のもの。

最初は「まあ、スタイルがいいこと！」とうっとり眺《なが》めていましたが、毎日見ているうちに、「よし！　私もこの人たちに近づくぞ」という気になってきました。だから、運動をしているときの私は、水着モデルの気分。どうそ笑わないでくださいね。

みなさんに「部屋に水着モデルのカレンダーを貼れ」とはいいませんが、やはり何かを始めるなら、目標をもったほうがいいと思う。私の知り合いは、今年41歳になりますが、「いつまでもビキニが着られる身体でいたい」という意志のもとに、せっせと身体をきたえてボディケアにもぬかりがありません。

他人の視線を意識しなくなったら、女としておしまい。あなたも何か目標を立てて、顔だけでなく「からだ美人」の女性でいてください。

手と首は整形ができない

どんなに暑い日でも、私は腕を出して外を歩くということをほとんどしません。陽射《ひざ》しの強い日なら、日傘はもちろん、長袖《ながそで》のシャツを着て襟《えり》を立て、なるべく日陰を歩きます。理由はもちろん、日焼けをしたくないから。

首や手の甲、腕というのは、とくに夏になると無防備になりがち。ところが、これらはとても年齢が出やすい場所でもあるということをお忘れなく。顔はメイクをしたり、なかにはプチ整形をしてシミやシワを目立たなくすることはできますが、首と手だけはそれができない。だから女優さんなどは、必死でプロテクトをするのです。

「肌老化の原因の8割は紫外線」といわれるように、スキンケアにおいては、紫外線対策が必須であり、逆にいえば、ここをきちんと押さえていれば、大きなトラブルは起こりにくいということ。

若いころにさんざん日焼けをしてしまった人だって、今からでも遅くはありません。「ごめんなさい。これからきちんとお手入れします」と、まずは肌に謝《あやま》る。そして今日から出かけるときは、顔にもボディにも日焼け止め用のクリームをしっかり塗り、なるべくお日さまを避けるように心がけましょう。

さて、プロテクトのメインは紫外線対策におくとして、普段のボディの

首のマッサージ

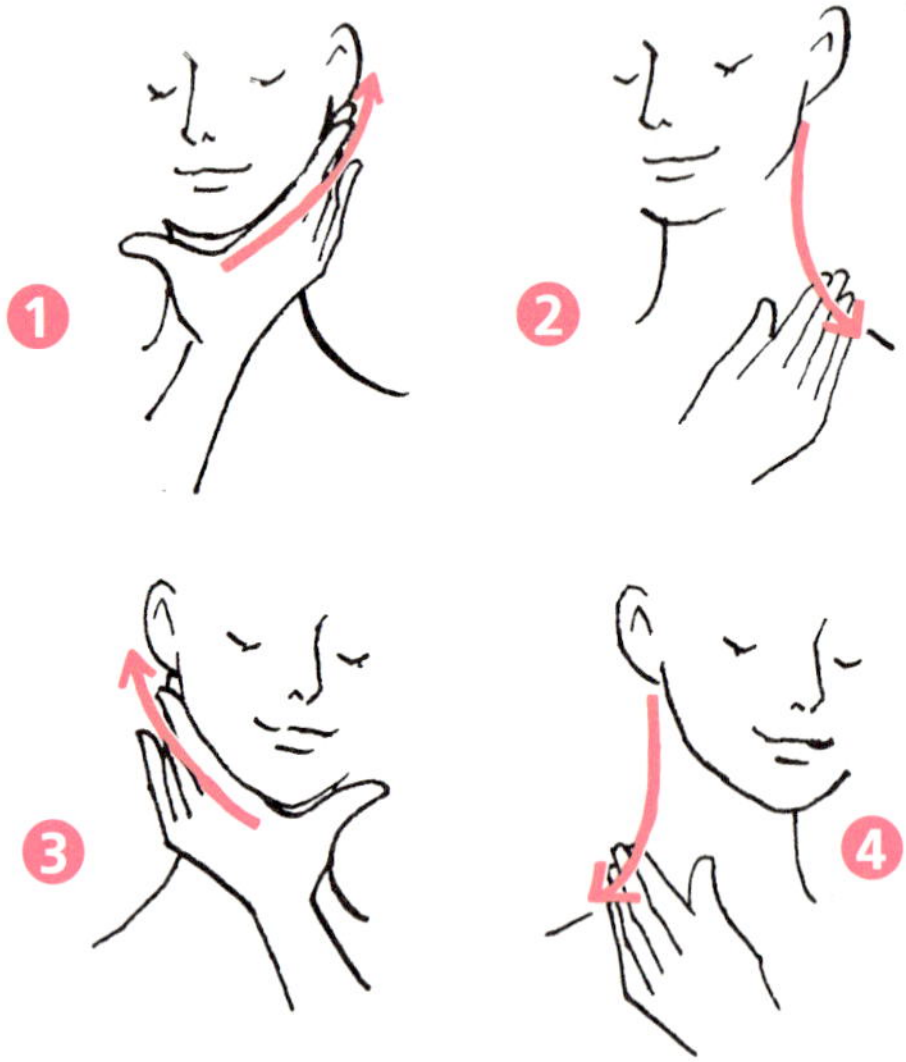

首は年齢が出やすく、また人から見られている場所。アゴの中心から耳下腺《じかせん》に向かって輪郭に沿って中指を動かし(❶)、手のひらで首をつかみながら肩に向かって下ろす(❷)。それを左右、交互に繰り返す(❸❹)。

お手入れはどうすればいいか。それは、顔のお手入れと同様に保湿をすること。そして、老廃物《ろうはいぶつ》をため込まないことです。

私の知人は、顔のローションパックを終えたあとに、まだ湿っているコットンを手の甲に貼って「ハンドパック」をするといいます。時間があれば、そのあとにクリームをひじまで塗って、ラップを巻いておく。これだけでも手の色が一段明るくなります。

また首に関しては、できればネッククリーム、なければ顔に塗るクリームを首からデコルテにかけて、塗りこんでいきます。これも、些細《ささい》なことですが、やるのとやらないのとでは「首年齢」が違ってくる。

そして、手も首もむくむということをご存知でしょうか。

ためしに3分間、腕を天井に向けて上げてみてください。指が細くなり手がスッキリとしてくるはずです。首も、普段動かすことの少ない人は、老廃物がたまっているはず。

手はこまめに両手を揉《も》んだり擦《こす》り合わせたりすること。そうすると、自分の皮脂がクリームとなって表面をしっとりさせてくれるほか、簡単なマッサージにもなります。

首はクリームを塗るときに、耳のつけ根にある「耳下腺《じかせん》」を指で軽く押したあと、そのまま下に向かってなでおろしていく。これが、いわゆるリンパマッサージで、老廃物を押し流していくことで首のむくみがとれ、同時にクリームで潤《うるお》いや栄養分を与えます。

今まで手や首のケアをしてこなかった方は、少し面倒に感じるかもしれません。でも、実はそういう人こそチャンス。今までさぼっていた分、やればやるだけ効果が出て、やみつきになるはずです。

女の品性は末端に出る

シミやシワ、くすみやたるみなど、顔にいくつもの変化が出る年齢になると、どうしてもフェイスケアに追われてしまい、ボディのお手入れがおろそかになりがちに。でも、それはとてもキケン。いくら顔がきれいでも、かかとがヒビ割れていたり、手の甲がシワシワだったりすると、「なんだこの人、けっこう年齢がいってるのね」と思われてしまいます。

とくに、「端」や「角」というのは磨耗《まもう》しやすく、「経年変化《けいねんへんか》」が出やすいのです。人間の身体でいうなら指先や耳、ひじ、ひざ、かかと、くるぶし、爪先……。こういったところを意識してきれいにするようにしたいものです。

そこで私が実践しているのが、こんなフットケア。

まず、お風呂に入ったときに、角質がたまって硬《かた》くなりやすい足裏を、水でぬらした炭酸入りの固形入浴剤（私は花王《かおう》の「バブ」を愛用しています）で軽くこする。そのあとでお湯をはった洗面器に足を入れると、シュワーッと入浴剤がお湯にとけて爽快《そうかい》なばかりか、疲れもとれてリラックスします。

そのまま2～3分間「足浴《そくよく》」をしたら、足が少し濡《ぬ》れている状態でメンソレータムまたはオロナインH軟膏《なんこう》を塗り、ラップで足を包みます。すると、スチーム効果で足はつるつるに。

足裏のスペシャル・ケア

❶水で濡らした入浴剤でかかとを軽く擦る。

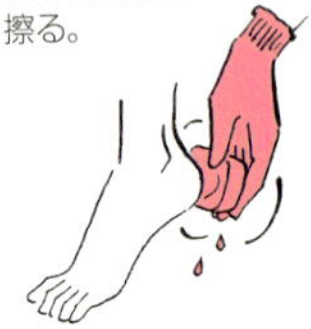

❷そのまま洗面器に足をつけると入浴剤が溶け出して発泡して爽快に。

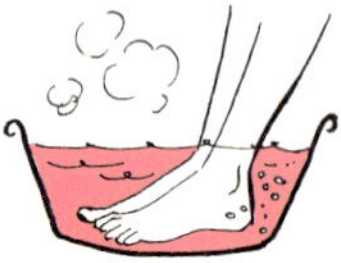

❸足が湿った状態のまま、メンソレータムを擦り込む。

❹ラップを足に巻く。

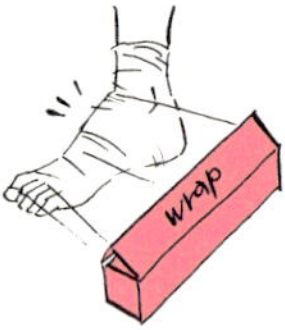

❺ラップの上からさらにアルミホイルで足を包む。

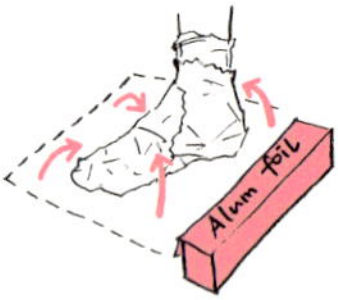

❻歩くとアルミホイルが破けるのでシャワーキャップで覆う。

❼乾燥した身体にはボディクリームをつけたり、アトピーの方にはオロナインH軟膏に水を少量まぜた「水溶きオロナイン」がおすすめ。

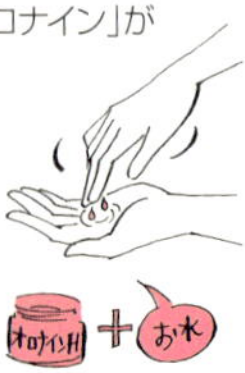

ボディの末端スペシャル・ケア

軍手は末端ケアにとても便利。ひじは黒ずみやすいのでボディスクラブなどで丁寧にマッサージを（①）。風呂上りには手の甲までしっかりクリームなどを塗り（②）、上からラップでさらに保湿を（③）。

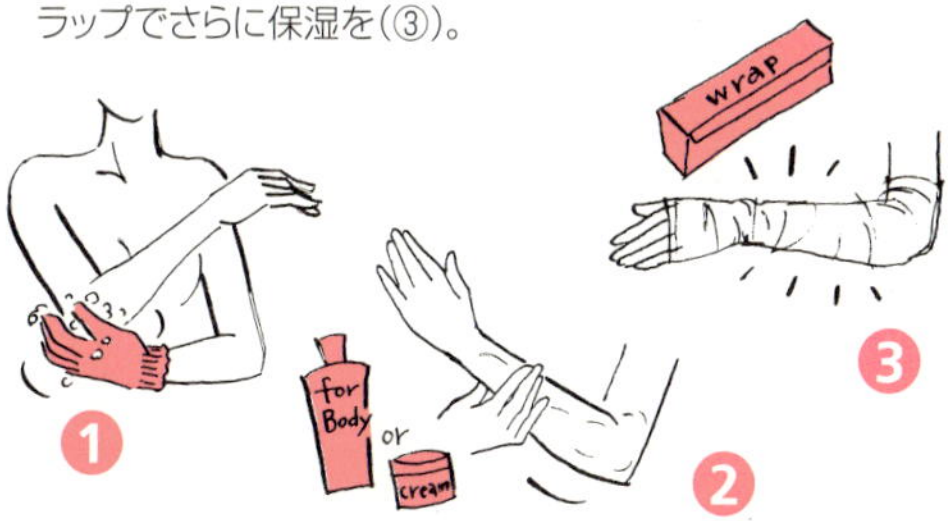

ひざも軍手を使って角質ケアを。

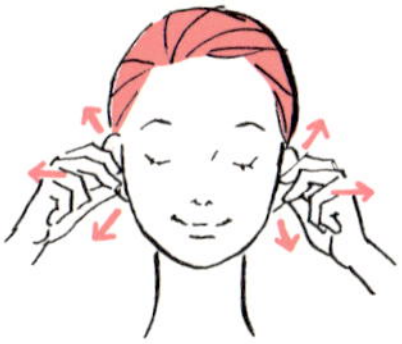

耳にも美容液を塗り、上に、横に、下に引っ張ってマッサージを。

サンダルからヒビ割れたかかとがのぞかないように!

なぜ濡れている状態で軟膏を塗るかというと、肌の上で水と軟膏が混ざって乳液状になり、肌になじみやすいからです。

そして、ボディを洗うときに私が活用しているのが「軍手」。これを使えば、ひじやひざ、くるぶしから足の指の間まで、きれいに洗えるのです。スクラブ剤を含ませれば、ボディの角質ケアもすばやくできますし。ただし、肌に直接触れるものだから、軍手はなるべく綿100パーセントの、肌あたりのやさしいものを選んでください。

最後はヒップ。実はヒップって、バストよりも見られているし、バストよりも先に下垂《かすい》するといいます。

バストは、寄せたり上げたりして何とかカッコよく見せることはできるでしょう。でもヒップは面積も大きいし、肉だってそれだけついているわけですから、下がりはじめたら、それこそ雪崩《なだれ》のごとくダダダッと下がっていきます。

ですから、私は毎朝の「蹴り上げ」運動でヒップアップをはかるとともに、お風呂に入ったら「ヒップよ、上がれ！」と唱《とな》えながら、キュッキュッと上に向けて洗っています。

髪も爪も肌のうち

最近でこそ「頭皮《とうひ》ケア」という言葉をよく耳にするようになりましたが、スキンケアというと、まだまだ顔だけを見ている人が多いのは事実です。

改めていうまでもなく、頭皮と顔の皮膚はつながっています。いくら顔にハリを与えるお手入れをしても、その延長上にある頭皮がたるんでいたら、意味がないでしょう。

ある有名なモデルの方がテレビ番組のなかで語っていましたが、暇さえあれば、とにかく頭皮を動かすんだそうです。「そうすると、顔はどんどん変わります」と。

要は、頭皮が顔の皮膚を引っ張っているわけですから、そこを活性化させるというのは、美の観点から見ても理にかなっているのです。さらに、頭皮が元気になれば髪もつやつやしてきます。

ただし、その髪の毛を茶色に染めるのだけはやめていただきたい。私はこれまで「日本人に茶髪は似合わない」といい続けてきましたが、とくに40代の方には、声を大にしていいたいです、「茶髪はおやめなさい」と。

まず、日本人の顔を白くきれいに見せてくれるのが、神様から与えられた黒髪というのが前提にあるのですが、とくに年齢を重ねると、顔にシャープさがなくなってきますよね。

そこへもってきて、髪の毛を茶色にしてしまうと、全体がぼんやりとした印象になってしまうの。また、ただでさえ髪の水分量が減ってくるのに、染料でさらにダメージを与えたら、それこそパサパサして仕方がないじゃない。

いくら顔にローションパックをして、美容液を塗り、クリームでフタをしてと「艶出《つやだ》し」をしても、髪の毛に艶がなければその効果も半減します。

ハンドケア

クリームや自分の手の皮脂でハンドケア。左右の関節同士を擦り合わせたり(❶)、甘皮部分を反対の手の第一関節でマッサージ(❷)。手の甲にクリームをつければべたつかない(❸)。また爪を両側から揉むと指先に艶が出る。

しかも、茶髪にしている人というのは、だいたい眉毛も茶、マスカラも茶、というメイクをするものだから、本当に印象の薄い顔になってしまうの。

「見た目印象の8割が髪の毛」といった人がいました。たしかに、ウィッグなどで別人に変身することができるのは、髪の毛のインパクト以外の何物でもないですよね。

だから、髪は大事にしてほしい。シャンプーも、家族と同じものではなく、自分のためにそれなりのものを使ってほしい。安いシャンプーで2回洗うなら、いいもので1回しっかりと。

それに、髪の毛も皮膚の一部ですから、私は肌のお手入れをして手に残っている美容液やクリームを、髪の毛にさっと塗ってマッサージしたりします。

それから爪。「艶感がなくなってくる40代には、爪にもマニキュアを」と先にも書きましたが、それだけではなく、日ごろのお手入れもきちんとしてほしいと思う。

私などは、お客さまの顔を触らせていただく仕事をしていますから、とにかく手は清潔にしようと思い、1日に何度も石鹸で手を洗い、爪が伸びていないか、皮がむけていないか、などをチェックします。

また、爪は甘皮の下から栄養をもらっていますから、ハンドクリームをつけるときに、その部分によく擦り込むといいのです。きれいな手と輝きのある爪があれば、ゴージャスな指輪をいくつもつける必要などありません。

髪の毛も爪も皮膚の一部。肌のお手入れをするのと同様に、毎日きちんとケアをしてください。末端にこそ美意識を！

本作品は当文庫のための書き下ろしです。

佐伯チズ（さえき・ちず）

一九四三年に生まれる。一九六七年、ゲラン入社。一九八八年、パルファン・クリスチャン・ディオールのインターナショナル・トレーニング・マネージャーに就任。二〇〇三年に定年退職後、エステティック・サロン「サロン・ドール・マ・ボーテ」を開業。二〇〇四年、自らプロデュースした総合美容施設「ビューティータワー」内にサロンを構え、現役エステティシャンとして活躍中。

著書には『美肌革命』『美肌の花道』（以上、講談社）、『25歳からの美肌カウンセリング』『35歳からの美肌カウンセリング』（以上、だいわ文庫）などがある。

だいわ文庫

45歳《さい》からの美《び》肌《はだ》カウンセリング

著者 佐伯《さえき》チズ

二〇〇六年八月一五日第一刷発行

発行者 南 暁
発行所 大和《だいわ》書房
東京都文京区関口一－三三－四 〒一一二－〇〇一四
電話 〇三－三二〇三－四五一一
振替 〇〇一六〇－九－六四二二七

ブックデザイン 鈴木成一デザイン室
装画 松尾たいこ
本文イラスト 池田須香子
オビ写真 高山浩数
本文印刷 慶昌堂印刷
カバー印刷 山一印刷
製本 小泉製本

ISBN4-479-30040-6
乱丁本・落丁本はお取り替えいたします。
http://www.daiwashobo.co.jp

佐伯チズの美肌 カウンセリング・シート

あなたがいま、いちばん気になる肌トラブル（シミ、くすみ、ハリ、その他の肌トラブル）の中から1項目だけ選び、たとえばシミなら❶〜❹の質問に答えてください。佐伯先生が質問者の名前は匿名で、随時、大和書房のホームページ「佐伯チズの美肌カウンセリング」のコーナーでお答えします。 http://www.daiwashobo.co.jp

シミ	❶どの部位にありますか？ 色と濃さ、大きさは？ ❷若いころ日焼けをしていましたか？ ❸日焼け止めはどのくらいの量を使っていますか？ ❹SPFの数値は？
くすみ	❺どの部位にありますか？ 色の濃さは？ ❻アイメイク専用のリムーバーを使っていますか？ ❼塩辛い食べ物が好きですか？ ❽睡眠は何時間くらいとっていますか？
ハリ	❾どのあたりのシワが目立ちますか？ ❿そのシワの寄り方は？ 縦？ 横？ 斜め？ ⓫フェイスラインは下がっていますか？ ⓬毛穴の形は丸形ですか？ 涙形ですか？
その他の肌トラブル	⓭スクラブ洗顔をしていますか？ 頻度は？ ⓮顔そりはしていますか？ 頻度は？ ⓯ピーリングをしたことはありますか？ ⓰どんなお手入れをしていますか？

❶

❷ はい　いいえ

❸

❹

---

❺

❻ はい　いいえ

❼ はい　いいえ

❽ ＿＿時間

---

❾

❿

⓫ はい　いいえ

⓬

⓭

⓮

⓯ はい　いいえ

⓰

すみません
50円切手を
はってください

郵便はがき

112-0014

東京都文京区関口1-33-4

大和書房
佐伯チズカウンセリング・シート45係 行

ご住所　〒□□□-□□□□

お名前《ふりがな》

年齢　　　　　性別

●あなたが気になっていることや心の状態などを教えてください。

●今後、大和書房からの各種案内をご希望の方は、
□内に✓をご記入ください。　　□ 希望します